AI for Cars

자동차를
위한
AI

AI for Cars

자동차를
위한
AI

조셉 올리나스 · 행키 샤프리 지음
김은도 · 이진하 옮김

에이콘

에이콘출판의 기틀을 마련하신 故 정완재 선생님 (1935-2004)

추천의 글

AI는 의료부터 금융, 엔터테인먼트까지 모든 산업을 탈바꿈시키고 있다. 그러나 운송업보다 더 큰 혁명을 일으킬 준비가 된 산업은 아마 없을 것이다. AI의 결실인 자율주행차량은 의심할 여지 없이 훨씬 더 안전하고 효율적인 도로 환경을 만들며 궁극적으로는 도로, 시내, 교외의 설계 방법을 변화시킬 것이다.

자동화 및 자율화된 차량을 만드는 것은 세상에서 가장 복잡하고 거대한 기술적 과제 중 하나일 것이다. 이는 단순히 카메라, 레이더, 라이다로부터 방대한 양의 데이터를 수집해 찰나의 순간에 수조 개의 계산을 수행하는 것만이 아니다. 사람의 목숨이 달려 있기에 전체 프로세스는 가능한 한 최고 수준의 안전성을 제공하기 위해 수행돼야만 한다. 이러한 탈바꿈에는 차량 내부의 고정된 기능 시스템을 영구적으로 업데이트할 수 있는 진정한 소프트웨어 정의 플랫폼으로 전환하는 것도 포함된다.

AI가 최초 학습된 데이터 센터부터 시스템 유효성 검사를 위한 종합 시점을 거쳐 차량 내부의 다양하고 이중화된 시스템에 이르기까지 이러한 과제는 엔드 투 엔드로 확장된다. AI는 인지(차량 외부와 내부 모두)부터 매핑 및 로컬라이제이션, 계획과 제어에 이르기까지 실시간 컴퓨팅 파이프라인의 모든 단계에서 활용할 수 있다. 또한 그 과정은 결코 끝나지 않는다. 배움을 멈추지 않는 인간과 마찬가지로, AI 차량은 소프트웨어가 새로운 작업을 학습, 개선, 시험, 검증 후 무선 업데이트함으로써 시간이 지남에 따라 더욱 똑똑해질 것이다.

이 책은 이러한 문제를 수많은 개별 빌딩 블록으로 세분화해서 전체적으로 볼 수 있는 혜안을 가져다 줄 것이다. 보행자 탐지부터 운전자 모니터링, 추천 엔진에 이르기까지, 이 책은 재능 있는 무수한 엔지니어와 연구원들이 지금까지 달성한 배경, 연구, 진행 상황뿐만 아니라 인명 구조 기술을 전 세계에 배포하려는 계획을 다룬다.

책 전반에 걸쳐 한 가지 공통된 주제가 등장한다. 바로, 자율주행차량은 천문학적 규모의 계산을 요구한다는 것이다. 이는 엔진의 마력이 아닌 차량의 컴퓨팅 마력에 대한 것이다. 데이터 센터의 엄청난 계산 성능은 궁극적으로 차량 내부에서 실행되는 광범위한 심층 신경망의 학습을 가속화하고 또한 그 누구도 위험에 빠뜨리지 않으면서 위험하고 도전적인 시나리오를 시험 및 검증하는 데 필요한 시뮬레이션 기술도 실행한다. 차량 내부에서의 엄청난 계산 성능은 고해상도 센서뿐만 아니라 더욱 다양하고 이중화된 알고리즘을 사용 가능하게 한다. 더 나은 계산 성능은 더 높은 안전성과 같다.

타고 즐겨보자.

대니 샤피로 Danny Shapiro**, NVIDIA**

지은이 소개

조셉 올리나스 Josep Aulinas

NVIDIA의 차량 플랫폼 설계자 Automotive Platform Architect다. 컴퓨터 비전과 로보틱스 분야의 전문가이며, SLAM Simultaneous Localization and Mapping을 연구해 박사 학위를 마쳤다. ADASENS Automotive에 합류해 차량 인식 및 추적(전방 충돌 경고, 자동 긴급 제동), 차로 인식(차로 이탈 경고, 차로 유지 보조), 교통 표지판 인식, 보행자 탐지(취약한 도로 사용자 보호), 모노 및 스테레오 비전을 통한 장애물 인식 등과 같은 ADAS Advanced Driver Assistance Systems 솔루션의 일부로 카메라 기반 알고리즘을 개발했다. 다음으로는 차로 변경 보조, 카메라 온라인 보정, 렌즈 폐색 탐지 등의 다양한 R&D 프로젝트를 주도했다. NVIDIA에서는 OEM이 차세대 아키텍처를 정의하도록 지원하고 있으며, 이를 통해 더 높은 수준의 ADAS와 궁극적인 AD Automated Driving를 목표로 한다.

행키 샤프리 ^{Hanky Sjafrie}

『자율주행차량 기술 입문』(에이콘, 2021)의 저자이자 ADAS^{Advanced Driver Assistance Systems} 및 AD^{Autonomous Driving}를 위한 차량 소프트웨어 엔지니어링을 전문으로 하는 개인 컨설턴트다. 센서 기술(레이더, 라이다, 초음파 등)에서부터 차량 사이버 보안에 이르기까지 경험의 대부분을 자동차 제조사 및 자동차 기술 공급사를 위한 다양한 R&D 프로젝트에 참여해 해당 분야에 깊이 관여하면서 체득했다. 그리고 BMW와 아우디의 ADAS/AD 및 인포테인먼트 시스템 분야뿐만 아니라 실리콘 밸리에 기반을 둔 자율주행 스타트업에서 다양한 시리즈 개발 및 연구 프로젝트에 활발히 참여했다. 또한 자동차 산업의 고객과 협력하는 것 외에도 Siemens, Boston Consulting Group, Pricewaterhouse Coopers, Roland Berger 등의 업체에 자동차 기술 영역에 대한 통찰력을 제공한다.

김은도(maniada2@gmail.com)

한양대학교 ERICA에서 응용물리학과를 졸업한 뒤, 과학기술연합대학원대학교^{UST}를 통해 한국전자통신연구원^{ETRI} 표준연구본부에 근무하며 정보통신네트워크공학 전공으로 박사 학위를 취득했다. 현재는 KT 융합기술원 인프라DX연구소 책임연구원으로 재직 중이며, 주 연구 분야는 네트워크 AI 기술 및 데이터 사이언스다. ICT-DIY 활동에 관심이 많아 대학원생 시절 ICT-DIY 커뮤니티의 리더를 역임하기도 했으며, AI, IoT, 빅데이터, 블록체인 등의 다양한 대회 수상 경력이 있다.

이진하(leejinha829@gmail.com)

인하대학교에서 컴퓨터공학부를 졸업 후 과학기술연합대학원대학교^{UST}를 통해 한국전자통신연구원^{ETRI} 지능로보틱스연구소에서 근무하며 컴퓨터소프트웨어 전공으로 석사 학위를 취득했다. 컴퓨터 비전 분야에서 딥러닝 AI 기반 이상 감지를 중심으로 데이터 증강 기법을 함께 연구했다. 현재는 KT 융합기술원 인프라DX연구소 연구원으로 재직 중이며, 오토라벨링과 비지도학습에 관심을 가지고 있다. 스카이넷과 글라도스를 만드는 것이 개인적인 목표다.

하드웨어와 소프트웨어 기술의 눈부신 발전으로 컴퓨터의 성능이 지속적인 향상을 거듭하고 크기도 소형화되면서 이제는 상상하기도 힘들 정도의 방대한 데이터를 빠르게 처리할 수 있는 AI의 시대가 열렸다. 여기에 안정적인 초고속 통신 기술이 더해져 급기야 어릴 적 상상 속에만 존재했던 자율주행 기술을 현실로 만들기에 이르렀다.

이 책에서는 자율주행차량에 적용된 AI 기술을 핵심 기능별로 자세하게 설명한다. 운전자 보조, 차량 제어, 인포테인먼트 시스템과 같은 기술적인 내용부터 연구 동향, 미래 방향성 제시까지 방대한 내용을 다룬다. 또한 적절한 예를 통해 쉽게 접근하고 있어, 학계와 산업계를 막론하고 자율주행 기술을 공부하려는 모든 사람에게 입문서와 같은 책이 될 것이다. 이 책을 통해 자율주행 기술 분야에 입문한 수많은 공학도가 미래 대한민국의 자율주행 산업을 선도할 수 있기를 희망한다.

마지막으로, 번역서 출판 작업에 함께 참여한 직장 동료 이진하 님께 깊은 감사의 말을 전한다.

김은도

먼저, 번역서 출판 작업이라는 새로운 기회를 제공해 준 김은도 박사님께 감사의 말을 전한다.

AI는 이제 더 이상 영화나 게임 속에만 존재하지 않고 우리 생활 곳곳에 스며들기 시작했다. 특히 자동차는 단순한 이동 수단의 개념을 넘어 '두 번째 집'과 같은 생활 공간이 됐고, 여기에 운전을 보다 편안하고 안전하게 만들기 위한 다양한 최신 기술이 집약되고 있다.

오늘날 AI는 운전자를 도와 사각지대의 위험을 경고하거나 복잡한 차량 제어 동작을 보조하고, 더 나아가 사람을 대신해 운전한다. 이 책은 자율주행이라는 거대한 프로세스에서 어떤 구성 요소가 모여 이를 가능케 하는지, 다양한 예시를 통해 연구 개발 과정과 발생하는 문제를 해결하는 방법을 보여준다. 이 책을 읽는다면 자율주행 기술의 현 위치와 미래를 한눈에 파악할 수 있을 것이며, 이를 기반으로 대한민국의 도로에 자율주행 차량이 다니는 미래를 앞당겨 올 것을 믿어 의심치 않는다.

이진하

차례

들어가며

떠오르는 AI^{Artificial Intelligence} 분야에서는 찬성론자와 반대론자가 공존한다. 어떤 사람에게는 AI의 출현이 기술 천국으로 향하는 선구자적 역할을 하지만, 다른 어떤 사람은 이를 트로이 목마로 보기도 하며 사악한 안드로이드가 인류를 궁극적으로 장악한다는 두려운 신호라고 생각한다.

이렇듯 미래의 비전이 유토피아적일 수도 불길한 예감일 수도 있지만, 우리는 이미 알아차리지 못한 채 큰 불평 없이 AI 기술을 매일 수차례 사용하고 있다. 기계가 인간처럼 생각하고 결정을 내린다는 AI의 기본 가정은 무서울 수 있다[1]. 그러나 이와 관련된 또 다른 측면은 이러한 기계가 이용 가능해졌을 때 매우 유용하다는 점이다. 스마트 스피커에 내일 일기예보를 물어보는 것은 AI를 활용하는 것이며, 화상 회의를 위해 자동 블러 효과나 가상 배경을 선택하는 것도 마찬가지다. AI는 구매 이력의 결과로 온라인에서 제품 추천을 표시할 때도 동작한다.

자동차 시대가 컴퓨터 시대보다 훨씬 이전에 시작됐음에도 불구하고 컴퓨터 시대의 발전이 더 빠르게 진행됐다. 방 하나 크기의 다소 괴상한 컴퓨터가 최초 컴퓨터 시대의 시작을 알린 지 수십 년이 채 지나지 않아 요즘 10대들은 당연한듯이 주머니에 강력한 컴퓨팅 장치를 넣고 4차 컴퓨터 시대(점점 더 유능해지는 전자 제품을 통한 자가 학습 포함)를 맞이하고 있다. 그러나 자동차를 대체하겠다고 위협하기는커녕 이제는 컴퓨터가 자동차에 생기를 불어넣고 있다. 최신 자동차는 소프트웨어 주도적 제품으로 계속 변화하고 있다. 또한, 대부분의 자동차 혁신은 정보를 처리해서 결과를 운전자에게 전달하는 소프트웨어를 포함하며, 이러한 추세는 점점 증가하고 있다[2]. 이러한 환경에서 AI 소프트웨어는 자동차 혁신을 한 단계 끌어올릴 잠재력을 보유하고 있다.

차량 내의 애플리케이션 외에도 AI 기술은 다른 수많은 자동차 산업 영역에 적용돼왔다. 이는 공급망 최적화, 생산 라인의 완전 자동화 로봇(조립 라인 작업자의 환상이자 악몽), 심지어 차량 설계에서의 AI 기반 증강 현실도 포함한다.

이러한 예는 AI가 많은 영역에서 개발을 주도하기 시작했다는 사실을 보여준다. 이 책은 테크 팬을 포함해 우리 모두가 이러한 다양한 배경을 이해하기 쉽도록 엄선된 실제 유스 케이스를 보여주면서 자동차 분야에서 이용되는 AI 애플리케이션에 대한 몇 가지 통찰력을 전달할 것이다. 차량을 운전하는 방법과 관련해, ADAS^{Advanced Driver Assistance Systems}와 차량 내 인포테인먼트 시스템의 맥락에서 AI가 도로 안전성을 어떻게 향상시킬 수 있는지 살펴볼 것이다. 또한 자율주행의 몇 가지 기능을 미리 내다볼 것이다. 배경도 이해할 수 있도록 연구 개발(가상 시험 및 합성 시나리오 생성)과 차량 서비스(예상 진단 및 유지보수, 심지어는 운전자 행동 분석 등)의 최근 발전도 살펴볼 것이다. 마지막으로, 차량 안전 및 차량 보안에서의 AI도 알아본다.

AI 기술은 이미 유비쿼터스며, 매우 유용하다. 그리고 직장에서든 취미 생활에서든 일상적인 집안일에서든 원하는 것을 하기 위한 새롭고 더 빠른 방법을 제공해 현대의 삶이 더 나아지도록 만든다. 이러한 발전을 긍정적으로 보든 부정적으로 보든, AI는 점점 더 중요한 역할을 하며 빠른 속도로 발전하고 있다.

이 책을 통해 로보틱스, 이미지 및 음성 처리, 추천 시스템, 딥러닝 등 모든 자동차 세계 속의 다양한 AI 환경을 둘러보는 짧은 가이드 투어에 초대한다. 사실, 자동차는 단일 제품에 수많은 AI 혁신이 담겨 있는 몇 안 되는 영역 중 하나에 속한다. 자, 안전 벨트를 매고 시작해보자.

오탈자

한국어판의 정오표는 에이콘출판사 도서정보 페이지 http://
www.acornpub.co.kr/book/aI-cars에서 찾아볼 수 있다.

문의

한국어판에 관한 질문이 있다면 에이콘출판사 편집 팀(editor@
acornpub.co.kr)이나 옮긴이의 이메일로 문의하길 바란다.

CHAPTER 1

첨단 운전자
보조 시스템(ADAS)을 위한 AI

ADAS^{Advanced Driver Assistance Systems}(첨단 운전자 보조 시스템)는 운전
과 주차 시 안전성, 편안함, 효율성을 개선해 운전자를 돕는 전
자 시스템의 집합체로 정의할 수 있다. ADAS라는 용어를 들어
본 적이 없더라도 차량 사용자나 소유자로서 ABS^{Anti-lock Braking}
^{System} 또는 ESC^{Electronic Stability Control}과 같은 일부 ADAS 기능을
모르고 사용해왔을 가능성이 크다. ABS와 ESC는 틈새 혁신에
서 표준 자동차 안전 기능에 이르는 방법을 찾는 수많은 ADAS
애플리케이션 중 유명한 두 가지 예시일 뿐이다.

　일반적으로 SAE^{Society for Automotive Engineers international}에서 만든
척도에서 레벨 3-5(조건부, 고도 또는 완전 자동화) 중 하나에 배치
되는 AD와 달리 ADAS는 일반적으로 SAE 레벨 2(부분 자동화)에
위치한다. 이는 운전자가 ADAS의 지원을 받지만 여전히 차량

을 제어하는 주체임을 의미한다.

ADAS의 기능은 속도 제한과 같은 순수한 정보 제공부터 에어백 전개와 같은 안전에 필수적인 것까지 다양하다. 항공우주 또는 의료기기와 같이 다른 분야의 안전 관련 시스템과 마찬가지로, ADAS의 전체 개발 과정은 산업 전반의 표준과 기타 관리 규정을 만족해야 한다. 그러한 기준 중 하나는 ISO International Organization for Standardization 26262 "자동차 기능 안전성" 표준이다[3]. 각각의 ADAS 기능의 ISO의 ASILs Automotive Safety Integrity Levels 은 해당 시스템 오작동으로 발생할 수 있는 위험 사건의 심각성, 노출 및 통제 가능성에 따라 결정된다. ISO 26262는 ASIL A(가장 낮은 수준)부터 ASIL D(가장 엄격한 수준)까지 네 가지 ASIL 수준을 규정한다. 따라서 ASIL D 기능은 ASIL A, B 및 C보다 더 포괄적인 안전 요구 사항 및 조치가 요구된다. 기능 안정성과 ISO 26262는 이 책의 마지막 장에서 자세하게 다룰 것이다.

어디서나 안정적으로 작동하는 안전한 ADAS 기능을 개발하는 것은 의심의 여지 없이 어렵다. 이제는 디지털 연결 시대에 살고 있지만, 방정식의 변수는 그것만이 아니다. ADAS가 의도한 대로 안전을 증진하려면 의도치 않은 영향이나 심지어 사이버 공격으로부터도 자동차의 시스템이 안전하게 보호돼야 한다. 유명한 "지프 공격" 사건은 보안 구멍(나중에 자동차회사 크라

이슬러가 수정한)에 제대로 대처하지 않은 결과를 보여줬다[4]. 자동차 안전과 AI가 주도하는 사이버 안전에 대해서는 책의 말미에서 논의할 것이다.

또 다른 ADAS의 도전은 자동차가 사용될 수 있는 모든 환경에서의 신뢰할 수 있는 기능이 포함된다. 교통 법규와 신호는 세계적으로 표준화가 돼 있지 않다. 거기에 더해 공사나 사고, 날씨처럼 예고없이 발생하는 조건에 의해 일시적이거나 장기적인 속도 제한 및 기타 제한 사항 등이 있을 수 있다. 또한 ADAS는 사막의 열이나 북극의 겨울에 이르기까지 매우 다양하고 혹독한 물리적 조건에서도 반드시 안정적으로 작동해야 한다.

그럼에도 불구하고 이 모든 도전을 받아들여 ADAS의 발전에 바탕이 되는 AI는 이미 운전을 더 쉽고 안전하게 만들고 있다. 이러한 이점을 좀 더 자세히 보기 위해 이 장에서는 세 가지 ADAS 애플리케이션인 자동 주차Automatic Parking, 교통 신호 인식Traffic sign recognition, DMSDriver Monitoring Systems에서 AI를 통해 이뤄낸 발전을 살펴본다.

자동 주차

많은 사람에게 있어 주차는 운전의 많은 부분 중 가장 즐겁지 않은 부분일 것이다. 큰 도시에서 빈 주차공간을 찾는 것은 도전적이고, 혼잡한 도로의 좁은 공간에 주차하려는 것은 스트레스 받는 일이다. 하지만 스트레스를 받는 특정 상황에는 주차 보조 시스템이 아주 유용할 수 있다.

지난 20년간 주차 보조 시스템은 순수한 정보 시스템에서 완전 자동 시스템으로 발전해왔다. 초기 버전의 시스템은 후방 카메라 혹은 보조 카메라의 도움으로 후방의 환경을 시각화해줬지만, 현대의 자동 주차 시스템은 운전자 없이 차량을 주차하거나 주차 상태에서 나올 수 있다.

양산 차량에 대한 주차 보조 시스템(비자동)에서 반자동 주차 시스템으로 전환된 것은 도요타에 의해서였다. 2003년, 일본에서 프리우스 하이브리드 모델의 지능형 주차 보조 시스템이 소개됐다. 초기 버전의 시스템은 오직 평행주차의 시나리오를 거꾸로 수행하는 것을 지원했다. 필요한 주차 조작은 시스템에 의해 자동적으로 계산됐고 운전자는 운전대에서 손을 떼고 브레이크 페달을 이용해 조작을 제어할 수 있었다. 2015/2016년 BMW 7 시리즈와 메르세데스 E 클래스의 원격-제어 주차가 소개되면서 반자동에서 완전 자동으로의 전환을 기념한다. 이

자동 주차 시스템은 차량이 차량 내부의 운전자 보조 없이 스스로 주차장이나 차고에 주차하거나 나올 수 있도록 했다. 사용자는 그저 차량의 가까이에서 차 키의 버튼이나 스마트폰 애플리케이션을 통해 자동 주차 조작을 제어하면 됐다. 2019년, 독일 슈투트가르트의 automated valet parking, valet parking system은 지역 교통 당국으로부터 일상적인 사용에 대한 공식적인 승인을 받은 최초의 시스템이 됐다. 자동 발레파킹 시스템을 사용하려면 차량을 하차 구역에 두기만 하면 된다. 그후 차량은 사람의 개입 없이도 스스로 지능형 주차 빌딩에 주차한다. 마찬가지로, 차량은 주인이 호출하면 스스로 주차 상태를 해제하고 하차 구역으로 돌아온다.

현대의 자동 주차 시스템은 일반적인 주차 시나리오를 지원한다. 여기에는 특히 평행주차(주차공간이 도로와 평행한 경우), 각도주차(주차공간이 도로와 90°보다 작은 예각으로 배치된 경우), 수직주차(주차공간이 도로와 수직인 경우)가 포함된다.

자동화 수준의 관점에서 주차 시스템은 일반적으로 반자동과 완전자동의 두 가지 범주로 나눌 수 있다. 반자동 주차 시스템은 운전자가 가스 페달을 밟아 주차 조작을 시작, 진행하거나 기어를 조작하고, 필요하다면 브레이크 페달을 밟아 조작을 중단해야 한다. 시스템은 주차공간에 대해 계산된 궤적을 기준으로 운전대를 자동으로 제어한다.

반면 완전 자동 주차 시스템은 차량이 처음부터 끝까지 주차 조작을 자동으로 수행할 수 있기 때문에 변속기의 제어나 가스, 브레이크 페달의 수동조작을 요구하지 않는다. 덕분에 운전자는 차량이 주차하는 동안 차 안에 있을 필요도 없다. 다만 안전 상의 이유로 운전자(혹은 조작자)는 주차하는 동안 차 키나 스마트폰 어플리케이션의 "눌러서 계속하기" 버튼을 계속 누르고 있어야 한다. 만약 버튼이 더이상 눌리지 않는다면, 주차 조작은 즉시 정지해서 무인 운전으로 인한 사고가 발생하지 않도록 한다. 자동 주차 시스템은 사람이나 정지한 장애물과 충돌할 수 있을 때 자동적으로 멈출 수 있도록 설계됐다.

좀 더 개선된 형태의 완전 자동 주차는 자동 발레파킹이다. 운전자와 탑승자 전원이 하차 구역에 내리면 사람이 대신 주차해주고 필요하면 다시 가져오는 기존 발레파킹 서비스와 유사한 개념이다. 자동 발레파킹 시나리오와의 유일한 차이점은 주차 직원이 없다는 것이다. 차량은 자율주차를 하면서, 하차 구역에서 주차공간으로 스스로 주행하고 이후 고객의 요청이 있을 때 스스로 돌아온다. 자동 발레파킹은 일반적으로 추가적인 센서나 장비를 주차 인프라에 설치해야 하는데 이는 차량의 운행에 도움을 주거나 주차공간의 고화질 지도, 빈 주차공간과 같은 정보를 제공한다. 이러한 추가적인 "도움"은 실내 주차공간에서의 자동 발레파킹에 특히나 중요한데, GPS^{Global Positioning System}

와 같은 GNSS Global Navigation Satellite System가 위치를 알아내는 데 도움이 되지 않는 경우가 종종 있기 때문이다.

자동 주차 시스템은 주차공간탐지, 주차선 탐지, 개체탐지, 위치추정, 경로 계획, 경로 추종 등의 여러 ADAS 시스템이 잘 조율될 때 가능해진다. 차량의 구조나 주차 시나리오의 복잡성에 따라 이러한 시스템들은 여러 센서로부터의 다양한 데이터와 ADAS ECU Electronics Control Units의 정확한 좌표 설정을 요구한다.

현재 기술에서 차량이 적절한 주차공간을 탐지하려면 운전자가 먼저 자동 주차 시스템을 가동한 뒤 천천히 잠재적인 공간을 지나쳐야 한다. 지나가는 동안, 탑재된 센서가 주차공간을 스캔하고 여유공간을 측정해 자동 주차에 적합한 공간인지 판단한다. 이러한 과정은 주차 인프라가 가능한 주차공간의 정보를 차량에 직접 제공할 수 있는 자동 발레파킹 시나리오에서는 필요하지 않다. 초음파 센서는 주차공간 탐지에 쓰이는 가장 일반적인 센서 유형이지만, 여러 연구에서는 카메라[6] 또는 카메라와 초음파 센서의 조합[7]을 사용해 유망한 결과를 보여줬다. 보다 낮은 비용에, 풍부한 정보를 제공하는 카메라는 주차공간 탐지를 위한 보다 매력적인 센서를 만든다. 하지만 열악한 조명 환경에서 이용하는 것은 제한될 수 있다.

차량이 지정된 주차 경계 내 주차하는 것을 보장하기 위해선 주차선 탐지가 필수적이다. 이러한 형태의 탐지는 인접한 차량이 없는 주차 시나리오에서도 중요하다. 초음파 센서는 인접한 물체에 초음파가 반사돼 센서로 돌아올 때만 탐지할 수 있기 때문이다. 만약 다른 인접물체(차량 등)나 물리적 구조물(벽과 같은)을 통해 주차공간의 끝을 찾을 수 없다면, 차는 바닥의 차선과 관계없이 아무 곳에나 주차할 것이다. 이런 이유 때문에 카메라는 여전히 차선 탐지에 우위를 가지는 센서이다. 라이다Lidar 또한 차선 탐지를 위해 조사됐지만, 현재 상대적으로 높은 가격은 기술이 광범위하게 적용되는 것을 막고 있다. 라이다 기반 탐지는 바닥 표면의 차선에서 반사되는 포인트 클라우드의 강도 분석을 통해 이루어진다[8]. 차선에서 반사된 레이저는 표시되지 않은 표면에서 반사될 때와 다른 강도를 갖는다. 라이다 센서는 모든 조명 환경에서 작동하기 때문에 어두운 환경에서 카메라의 한계를 보완할 수 있는 옵션이다.

주차 조작 시 차량 주변의 환경은 개체 탐지를 통해 지속적으로 탐지돼 모든 종류의 정적인 (벽, 혹은 바닥의 물체) 혹은 동적인 (사람, 동물 등) 장애물과의 충돌을 회피한다. RRT Rapidly-Exploring Random Trees[29]나 하이브리드 A*[9]같은 경로 설정 알고리즘이 목적지에 도달하기 위한 필수 경로를 계산할 때, 경로 추종은 Pure Persuit 알고리즘[10]이나 스탠리 방법Stanley method[11] 등으로 차량이 계획된 경로를 따라갈 수 있도록 보장한다.

자동 발레파킹을 사용하는 경우 차량은 하차 구역에서 주차 구역으로, 또는 그 반대의 경로상에서 스스로의 위치를 추정할 수 있어야 한다. 주차공간의 환경(실내/실외), 차량의 센서 구성이나 주차 인프라의 사용 가능한 추가적인 센서/장비 상황에 따라 위치 추정을 수행할 수 있는 몇 가지 방법이 있다. INS[Inertial Navigation System]와 GNSS를 결합하거나, 외부 지표(비콘, 자석, 시각 지표 등)를 활용하거나, 탑재된 라이다나 카메라만 사용하는 것[12]이다. 후자의 경우 주차 환경은 SLAM[Simultaneous Localization And Mapping]을 사용해 매핑되고 이후 생성된 주차 환경의 고해상도 지도에 위치 추정이 적용된다. SLAM 알고리즘은 일반적으로 두 가지 방법: 필터링과 최적화로 접근해볼 수 있다[13]. 필터링 방법의 경우 EKF SLAM[Extended Kalman Filter SLAM][14]이나 FastSLAM 알고리즘[15]으로 이전 관측 정보를 요약하고 반복적으로 새로운 관측 정보를 통합해 내부적인 믿음(차량의 센서를 통해 인식된 것에 대한 평가)을 개선한다. 반면에 최적화 방법의 하나인 그래프 기반 SLAM 알고리즘[16]은 처음부터 현재까지의 모든 자세(차량의 위치와 방향)와 관측값을 추적해 가장 가능성이 높은 전체 궤적 혹은 전체 관측치 세트와 가장 일치하는 세트를 찾는다.

자동 주차 시스템은 운전자의 편의성을 높일 뿐 아니라, 자동 발레파킹 시 교통 사고를 줄이고 보다 효율적으로 주차공간을 활용할 잠재력을 가지고 있다. 후자는 의심의 여지 없이 주차공간 문제를 겪는 도시와 다른 지역의 문제를 해결할 만한 매력적인 방법이다. 하지만 자동 발레파킹 시스템을 위한 현재의 기술은 여전히 주차 인프라에 대한 첨단 기술의 투자를 필요로 하고, 이는 차량 자체에도 요구될 수 있다. 그러므로 이런 시스템의 광범위한 적용은 기술의 성숙도 수준뿐만 아니라 어플리케이션의 경제적 측면에도 달려 있다.

교통 신호 인식

혹시 운전 중 토론에 참여하거나 주의가 흐트러져 마지막 속도 제한 신호를 놓치거나 잊어버린 경험이 있는가? 아니면 속도 제한 표지판이 보이지 않아 제한 속도가 얼마인지 모른 채 해외의 시골길을 운전한 경험이 있는가?

저렴한 개인용 내비게이션 장비와 스마트폰의 내비게이션 앱 덕분에, 이러한 상황을 피하고 장치나 앱을 통해 여행 중 길을 잃지 않으며 적절한 제한 속도를 알 수 있다. 그러나 이 정보의 신뢰성은 참조하는 지도 자료의 품질과 GPS와 같은 위성 내비게이션 시스템의 가용성에 크게 좌우된다.

만약 지도 자료가 오래됐거나 불완전하다면 표시된 속도 정보는 부정확하며 새로운 도로의 경우에는 아예 없을 수도 있다. 또 긴 터널을 운전할 때 두 개 이상의 속도 제한 구간이 있는 경우 GPS를 사용할 수 없기 때문에 내비게이션 보조는 차량의 위치를 추적할 수 없어 정확한 제한 속도 정보를 보여줄 수 없다.

지도 기반 제한 속도 정보의 또 다른 단점은 가변 속도 제한에 대한 고려가 부족하다는 것이다. 일반적으로 전자 표지판이나 휴대용 표지판에 보이면서 일시적으로만 유효한 이런 제한은 해당 도로 구간의 영구적인 제한보다 우선된다.

가변 속도 제한은 교통 흐름을 제한하기 위해서 교통 체증을 해소하거나 도로 건설자의 안전을 위해 현지 교통수단이나 법 집행 기관에 의해 사용된다. 지도 기반 제한 속도 정보는 이러한 변인을 고려하지 않기에 잘못된 제한 속도를 보여준다.

이러한 제한을 극복하기 위해 현대의 차량은 일반적으로 카메라 기반 교통 신호 인식Traffic Sign Recognition과 지도 정보를 복합적으로 활용해 정확한 속도 정보를 제공한다. 가변 속도 제한의 경우 카메라가 탐지한 제한 속도가 내장된 지도 자료 정보보다 우선한다. 반면에 오랜 기간 제한 속도 정보가 탐지되지 않거나 빛 번짐 또는 폭우 등으로 카메라 인식이 일시적으로 불가능 혹은 불안정할 때는 지도 정보가 우선된다.

ADAS의 진보로 인해 제한 속도 표지판은 오늘날 자동차가 인식할 수 있는 유일한 교통 표지판이 아니다. AI는 자동차가 진입불가, 잘못된 길, 통행 금지, 양보 표지판 및 정지 표지판이나 심지어 신호등의 색상까지 최대 150m 거리에서 인식할 수 있도록 했다[17]. 이 정보는 보통 픽토그램을 이용해 계기판, 헤드 유닛(i.e., 인포테인먼트 시스템), 헤드업 디스플레이 등에 표시된다. 교통 신호 인식은 주로 카메라를 통해 이루어진다. 일부 연구에서는 카메라와 라이다(조명, 거리 탐지)의 센서 융합을 통한 전반적인 시스템 정확도 향상을 제안했다[18, 19].

정확한 교통 신호 인식은 잠재적으로 생명을 구할 수 있는데, 운전자에게 경고를 하거나 부주의로 인한 위험한 교통 위반 상황을 방지하는 데 도움을 줄 수 있다. Euro NCAP European New Car Assessment Programme는 자동차 제조업체들이 이러한 기능과 여러 유용한 ADAS 기능(AEB Automatic Emergency Braking, LKA Lane Keeping Assist 등)을 통합해 제품의 안정성을 높이도록 하기 위해 2009년 이후로 속도 보조 시스템을 안전 등급의 일부로 포함했다[20]. 몇몇 유럽 정부와 소비자 단체, 자동차 동호회의 보조를 받는 국제 비영리 단체인 Euro NCAP는 유럽에서 판매되는 신차에 대한 독립적인 안전 평가를 제공하는 것을 목표로 한다.

Euro NCAP의 안전 평가는 다음 네 가지 분야에서 수행된다. 성인 탑승자, 아동 탑승자, 보행자 보호, 안전 보조이다. 전반적인 안전 등급은 자동차의 개별 점수가 해당 안전 등급의 최저 점수를 초과하면 0개에서 5개의 별로 주어진다. 예를 들어 2020-

2022년도의 전체 5성급 안전 등급을 달성하려는 차량은 반드시 최소한 성인 탑승자 부분에서 80%, 아동 탑승자부분에서 80%, 보행자 안전 부분에서 60%, 안전 보조 부분에서 70% 이상의 점수를 획득해야 한다[21]. 2023-2024년의 5성급 안전 등급 평가는 같은 최저 점수의 성인 탑승자, 어린이 탑승자, 안전 보조 부문 점수에 70%로 상승한 보행자 안전 부문 점수가 적용된다.

교통 신호 인식이 ADAS의 기능으로서 2000년대부터 제공되었지만, 카메라 기반의 교통 신호 인식 연구는 1990년대로 거슬러 올라간다. Piccioli 연구진[22]은 교통 신호 인식 방법을 2단계로 묘사했다. 모서리의 기하학적 분석을 통한 삼각 및 원형 부호 탐지 방법과 데이터베이스의 이미지 템플릿과 비교한 정규화된 부호(즉, 비교를 위한 전처리 후)의 인식 방법이다. 비록 그 이후로 다양한 방법들이 제시됐지만, 대부분 (전통적인) 수작업으로 추출된 특징 방법이나 딥러닝 방법 중 하나에 속한다.

이름에서 암시되듯이 수작업으로 추출된 특징 방법은 크게 두 가지다. 먼저 Hue-saturation histogram[23] 혹은 HOG Histogram of Oriented Gradient[24]와 같이 탐지된 신호를 수동으로 선택된 벡터로 변환(신호의 속성을 식별하기 위해)하는 과정이 있고 두 번째로 랜덤 포레스트Random forest 방법이나 서포트 벡터 머신 Support Vector Machine, SVM 방법 같은 분류 알고리즘의 학습과 같은 수행 과정이 있다.

전통적인 접근 방법과 달리 딥러닝 방법은 어떠한 종류의 수작업을 통한 특징도 요구하지 않는다. 대신 시스템은 정확한 분류 결과를 내기 위해 학습 데이터에 기반해 자체적으로 내재 표현을 구축하도록 훈련된다. 보통 매우 많은 양의 데이터로 많은 숨겨진 층이 있는 인공 신경망인 심층 신경망을 학습한다.

이런 딥러닝 방법은 복잡한 특징 추출 문제, 즉 각 교통 신호의 구별 가능한 특징을 최적으로 나타내기 위해 수작업으로 설계하는 것을 회피할 수 있다는 장점이 있다. 딥러닝은 정확도가 기존의 전통 방식을 압도하는, 현재 교통 신호 인식을 위한 최첨단의 접근 방식이다. 그러나 일반적으로 전통 방식에 비해 계산 비용이 훨씬 비싸고 학습을 위해 더 많은 데이터를 필요로 한다. 다행히도 독일[25], 스웨덴[26], 미국[27]과 같은 다양한 국가에서 수집된 여러 공공 교통 신호 데이터 세트가 사용 가능하다.

오늘날 교통 신호 인식은 차량에서 널리 사용할 수 있게 됐다. Euro NCAP와 다른 이들의 강력한 유인책 덕분에 이는 새로운 차량의 표준 장비가 될 수도 있다. 이미 구형 차량들은 속도 제한 정보, 충돌 경보나 다른 ADAS 기능을 활용하기 위해 카메라 기반의 ADAS 애프터마켓 장비로 개조하는 것이 가능하다. 하지만 차량과의 통합이 미흡해 이러한 장비들은 경고 기능으로 제한되고 능동적으로 차량을 제어하지는 못한다.

비록 지난 10년간 ADAS 교통 신호 인식의 성능이 크게 향상됐지만, 자동차 제조업체와 기술 공급자들은 이 기술을 전세계적으로 보급하는 데 있어 여전히 몇 가지 문제를 안고 있다. 예를 들어, 아직 많은 국가가 '도로 표지판 및 신호에 관한 비엔나 협약'을 받아들이거나 설치하지 않았기에 교통 신호나 종류에 있어 많은 지역적인(즉, 국가별) 차이점이 있을 수 있다. 이 협약은 1968년에 서명된 국제 조약으로 도로 안전과 국제 도로 교통의 용이성을 위해 도로 표지, 신호등과 차선 등을 표준화한다. 더 많은 부호 변형은 인식 시스템의 학습을 위한 더 많은 데이터를 의미하고 이를 수집하기 위한 더 많은 노력을 요구하기 때문에, 공공 데이터 세트는 이러한 변형이 제한적이거나 아예 존재하지 않을 수도 있다. 새로운 규정으로 인해 제한 속도 또한 변경될 수 있기 때문에 지도 정보의 제한 속도 정보는 주기적으로 갱신돼야 한다. 또한 인식 가능한 신호 종류는 증가하고 있지만, 여전히 현재까지 인식 가능한 집합은 상당히 제한돼 있다.

DMS

ADAS 기술은 지난 몇 년간 급격하게 진화했고, 그와 함께 차량 안전 또한 점진적으로 개선됐다. 에어백이나 경추 보호 시스템 같은 수동적인 장비나 ABS나 ESC 같은 능동적인 장비는 많은 생명을 구하며, 이미 현대의 대부분의 차량에서 표준 장비가 됐다. 이러한 여러 발전에도 불구하고 치명적이거나 심각한 부상을 야기하는 차량 사고는 계속 발생한다. 슬프게도 그러한 사고의 큰 비율은 졸음이나 부주의 같은 사람에 의한 실수로 발생한다. NHTSA^{National Highway Traffic Safety Administration}의 교통 안전 사실보고서에 따르면, 2018년도 미국에서 치명적인 사고의 8%와 전체 차량 사고의 14%는 운전 중 부주의로 인한 것이고, 이로 인해 2,841명의 사망자와 40만명의 부상자가 발생한 것으로 추정된다[29]. 운전자의 주의를 산만하게 만드는 주요한 요인 중 하나는 휴대전화 사용으로 WHO^{World Health Organization}에 따르면 운전자의 충돌 사고 위험성을 4배 증가시킨다[30].

어떻게 AI가 운전자의 부주의나 잘못된 결정에 의한 사고를 방지할 수 있을까? AI가 운전자의 산만함을 줄이는 방법 중 하나는 차량 인포테인먼트 시스템의 지능형 상호작용으로 운전자가 장치를 사용하는 와중에도 계속 도로에 집중할 수 있도록 하는 것이다. 이에 대한 몇 가지 예시는 3장에서 다룰 것이다. 또 다른 방법은 운전자의 상태를 모니터링해 졸음이나 주의 분산의 징후가 보일 때 경고하는 것으로, 사고의 발생을 미연에 방지하는 것이다. 이것이 바로 DMS^{Driver Monitoring System}의 주요 목표다. Euro NCAP와 같은 독립기관들은 이미 더 안전한 도로를 위한 시스템의 잠재력을 인지하고 있다. 2025년의 로드맵에 DMS를 포함하고, 2020년 이후 새로운 시험이 수행될 것으로 예상된다[31]. 이제 DMS가 해결하고자 하는 2가지 주요 운전자 부주의 문제인 주의 분산과 졸음에 대해 알아보자.

주의 분산^{Distraction}은 운전자의 주의를 운전에서 멀어지게 하는 모든 활동으로 정의된다[32]. NHTSA는 주의 분산을 시각, 청각, 생체역학, 인지의 네 가지로 분류했다. 시각 주의 분산은 운전자들이 도로에서 눈을 떼게 하는 모든 방해물을 말한다. 이는 스마트폰 보기, 가운데 콘솔의 버튼 작동, 거울 조정 등을 포함한다. 청각 주의 분산은 우는 아기나 전화벨 소리 등 운전에 완전히 집중하는 것을 방해하는 소음이나 다른 청각 자극을 의미한다. 생체역학적인 방해요소는 운전자가 한 손 또는 두 손 모두를 운전대에서 떼게 한다. 이는 보통 운전자가 직접 인포테인먼트 시스템을 조작하거나 문자 보내기, 음식 먹기와 같은 행동이다. 마지막으로 인지 방해 요인은 운전자의 마음을 운전에서 돌리는 내부의 산만함이다. 일부 예로는 백일몽, 어떤 생각에 몰두하는 것, 대화에 참여하는 것, 부정적인 감정(분노, 슬픔,

걱정 등)이 있다. 이 네 가지 범주가 상호 배타적이지 않다는 것은 말할 필요도 없다. 예를 들어 문자 메시지는 시각, 생체역학, 인지 주의 분산의 원인이며 운전 중에 할 수 있는 가장 위험한 일이다.

졸음은 깨어 있지만 점점 잠으로 빠져들어가는 상태로 설명된다[33]. 간혹 졸음과 피로는 비슷한 증상을 공유하고 관련이 있기 때문에 번갈아 사용되지만, 실제 의미는 차이가 있다. 피로란 장시간 작업이나 반복 작업에서 발생하는 능률 저하에 대한 주관적인 감각이다[34]. 운동 후 피로를 느낄 수 있지만, 반드시 졸음을 느끼지는 않는다. 반면 어떤 사람들은 꼭 피로를 느끼지 않고 기면증이나 갑작스러운 발작수면을 겪는다. 그리고 피로는 휴식으로 상쇄하는 반면, 졸음에 대한 답은 수면이다[35].

DMS가 탐지하고자 하는 것이 주의 분산이나 수면, 혹은 둘 모두인지에 따라 시스템은 적절한 증상을 운전자에게서 찾아서 경고를 하도록 교육돼야 한다. 대부분의 시각기반 주의 분산 탐지 DMS는 카메라의 이미지를 이용해 운전자의 머리 방향과 시선을 추정하는 기술을 사용한다. 이 정보를 기반으로 시스템은 운전자의 시각적 주목이 도로, 도로 밖, 계기판(거울, 속도계, 연료/에너지 표시 등) 세 가지 중 어디에 있는지 구분한다. 만약 운전자의 주의가 도로에서 너무 오래 혹은 자주 멀어질 경우 시스템은 경고를 울린다. 널리 사용되는 임곗값은 NHTSA에서 추천하는 "2 / 12 법칙"으로, 단일 2초 간격의 시선이나 누적 12초의 시선을 주는 것을 말한다. 2초 간격의 의미는 운전자는 도로에서 한 번에 2초 이상 눈을 떼면 안 된다는 것이다. 누적 시간은 운전자의 주의를 도로에서 떨어트리는, 내비게이션이나 라디오 조작과 같은 몇 번의 짧은 시선 간격(2초 내로 도로로 주의가 돌아오는)으로 이루어지는 동작이 필요하다면 총 12초 이내에 이뤄져야 함을 의미한다.

시선 추정 알고리즘은 일반적으로 기하학 기반과 외관 기반 두 가지로 분류할 수 있다. 모델 기반 접근법으로도 알려진 기하학 기반 방법은 얼굴이나 눈의 3D 모델을 구축한 후 기하학적 계산을 통해 시선을 추정한다. 사용된 알고리즘에 따라, 모델은 홍채나 눈의 중심, 입과 같은 얼굴의 특징점으로 추정된 머리의 자세를 이용해서 구축될 수 있다. 외관 기반 방법은 시선을 눈이나 얼굴의 이미지를 입력으로 한 머신러닝을 통해 결정한다. 예를 들어 LBP^{Local Binary Pattern}나 mHOG^{multi-scale Histogram of Oriented Gradients} 같은 시각적 특징이 이미지에서 추출돼 머신러닝의 회귀모듈(숫자 출력)이나 분류모듈(범주 출력)로 처리된다. 외관 기반 방법의 큰 장점 중 하나는 기하학 기반 방법에 비해 부담이 적다는 것인데, 외관 기반 방법은 시선 추정을 위해 고해상도 입력 이미지가 필요하지 않기 때문이다. 최신의 시선 추정 기법은 CNN^{Convolution Neural Network}이나 딥러닝 방법을 통해 위의 (수동) 특징 추출 단계를 대체하거나, 신경망을 통해 엔드-투-엔드로 처리한다. 후자의 경우 직접 눈이나 얼굴의 이미지를 입력으로 받고, 상기 언급된 특징 추출과 같이 사람이 정의한 중간 단계 없이 추정된 시선을 출력한다.

DMS가 졸림과 인지 주의 분산을 탐지하는 방법은 눈꺼풀의 닫힘, 눈 깜빡임의 비율, 끄덕임/하품의 빈도, 눈동자 움직임, 심박수와 얼굴 표정 같은 사람의 생리학적인 증상(혹은 신호) 측정에 기반한다. 눈은 개인의 경계 상태를 보여주는 가장 중요한 단서이다. 그러나 눈을 모니터링 하기 전에, 시스템은 얼굴 탐지나, 눈 탐지와 같은 몇 가지 전처리 단계를 수행해야 하고 이에 대해 논의해볼 것이다.

얼굴 탐지는 이미지상에 사람의 얼굴이 있는지, 있다면 어디 있는지 탐지하는 것을 목표로 한다. 가끔 얼굴 탐지와 얼굴 인식은 서로 바꿔서 사용되곤 하지만, 다른 두 가지를 의미한다. 얼굴 탐지가 그 사람이 누구인지 모르는 채로 얼굴을 찾는 거라면 얼굴 인식은 얼굴 데이터베이스에서 매칭되는 사람을 식별하는 것이다. 따라서 얼굴 탐지는 보통 얼굴 인식에 선행된다.

얼굴 탐지의 가장 유명한 알고리즘 중 하나는 Viola-Jones 알고리즘[37]이다. 이 알고리즘은 얼굴을 빠르게 인식할 수 있지만, 정면 얼굴의 이미지에 대해서만 안정적으로 작동한다.

R-CNN^{Region-based Convolutional Neural Network}과 같은 최근의 딥러닝 기술은 이러한 제약에 제한되지 않고 정확도가 Viola-Jones 방법보다 뛰어나기 때문에 한계를 더욱 넓혔다.

얼굴의 영역이 탐지된 후, 다음 단계는 얼굴 경계 내의 눈 영역의 위치를 추정하는 것이다. 눈 탐지 알고리즘은 크게 템플릿 매칭, 특징 기반, 외형 기반, 하이브리드[39]로 분류할 수 있다. 템플릿 매칭 방법은 눈 템플릿과 얼굴이 있는 전체 영역을 비교해 가장 일치하는 영역을 찾는다. 특징 기반 방법은 이미지에서 색상이나 형태와 같은 눈의 특징(또는 특성)을 찾는다. 외형 기반 방법은 머신러닝을 통해 이미지의 특정 부분이 눈인지 아닌지를 구분한다. 마지막으로 하이브리드 방법은 단순히 위의 방법 모두를 조합한다.

이 절의 시작에서 언급한 바와 같이 DMS는 운전자의 졸림이나 주의 분산을 탐지하는 즉시 경고를 해줘야 한다. 세 가지 경고 전략이 [40]에서 제안됐다. 이러한 전략은 연속적인 경고, 위급상황 경고, "편의적인" 경고로 요약할 수 있다. 연속적인 경고 전략은 언제든 시스템이 졸음이나 주의 분산을 탐지하면 경고한다. 위급상황 경고 전략은 운전자가 위급한 상황일 때, 예를 들어 충돌 가능성이 높을 때 경고한다. 마지막 경고 전략은 직접적으로 운전자에게 경고를 전달하지는 않지만 운전자의 상태에 따라 현재 활성화된 ADAS 기능에게 영향을 줄 수 있다.

예를 들어 시스템이 운전자가 완전히 주의를 집중하고 있다고 인지할 때, ACC^{Adaptive Cruise Control} 기능은 운전자가 제어 권한을 되찾도록 요청하기까지 좀 더 긴 시간을 허용할 수 있다. 반면에 운전자의 졸림이나 주의 분산을 탐지할 경우 권한 회수 요청 시간은 단축될 수 있다.

비록 AI 영역의 얼굴 탐지, 시선 추정, 감정 인식 등이 몇 년간 연구됐지만 아직 자동차의 DMS로서 실제 현장에 적용되기엔 여전히 걸음마 단계이다. DMS가 좀 더 쓸모 있기 위해선, 시스템은 좀 더 다양한 실제 환경, 예를 들어 어두운 실내 환경이나 안경 등으로 가려진 얼굴에도 안정적으로 작동해야 한다. 추가적으로 운전자 부주의 탐지 기술은 대부분 카메라를 센서로 활용하기 때문에 개인 정보 보호 문제가 발생할 수도 있고, 부족한 온보드 컴퓨팅 자원의 한계 때문에 안전에 직결되지 않는 기능 등은 차량 외(제조사 등의 외부서버)에서 처리할 필요가 있다.

요약

AI가 ADAS에 어떻게 적용되며 안전을 보조하고, 효율적이고 편안한 운전이나 주차를 돕는지 살펴봤다.

자동 주차의 영역은 비자동에서 반자동을 거쳐 최초의 완전

자동 주차 시스템으로 발전해왔다. 이는 두 가지 단계가 있다. 덜 진보된 것은 그저 지켜보는 눈과 "눌러서 계속" 버튼을 누르는 것이 필요하지만, 가장 개선된 버전(자동 발레파킹)은 하차 이후 주차나 돌아오는 과정에서 사람의 감시나 개입을 전혀 요구하지 않는다. 주차 자동화의 수준이 높아짐에 따라 늘어난 주차 인프라 기술이 어떻게 계속 필요할지 살펴봤다. 한편, 오늘날의 자동차에 이미 내장된 기술적 역량을 레이더 혹은 라이다의 측면에서 생각해봤다. 모든 수준의 자동화에서 차량의 환경은 다양한 방법의 알고리즘에 의해 지속적으로 모니터링되고, 평가되고, 대응된다.

도로 주행과 관련해 새로운 유럽의 차량의 안전수준을 측정하는 Euro NCAP의 표준의 맥락을 고려했다. 내비게이션의 목적으로, 정보는 GPS, 지도 자료 및 자동 교통 신호 인식(카메라나 라이다 입력에 의한)으로부터 취합된다. 또한 이런 방법을 사용해 교통 신호 인식이 교통 신호 양식의 국제적 표준의 부재에서 오는 문제를 대응하는 방법을 확인했다.

마지막으로 졸음과 부주의로 인한 사고를 방지하는 것이 목적인 DMS를 살펴봤다. 운전자의 시선을 도로에 집중해 안전한 운전을 할 수 있도록 시각, 청각, 생체역학, 인지의 주의 분산의 역할을 고려했다(그리고 어떻게 이 주의 분산들이 함께 나타날 수 있는지 – 문자를 보내는 것과 같은 예시로). 시각적 주의는 일반적으로 카메라를 통해 운전자의 머리 방향이나 시선 방향을 감시하는 반면, 졸음과 인지 주의 분산은 생리적인 신호에 의해 탐지된다. 이때 필요하다면 지속적, 위급상황, 편의적 방식으로 경고가 이루어진다. DMS의 영역에는 어두운 실내조명, 머리스타일이나 옷, 안경에 의한 운전자의 얼굴 가려짐에 대한 시험이 남아 있다.

CHAPTER 2

자율주행을 위한 AI

자동차 산업이 시작된 이래, 편안함, 기능성, 속도와 안전은 조금씩 개선돼왔다. 이동수단의 기본적인 목표는 사람이나 물건을 A에서 B로 옮기는 것이고, 이때 중요한 건 단순히 빠른 게 아닌 안전하게 목표에 도달하는 것이다.

자동차 산업은 더 나은 제동 시스템, 안전 벨트와 에어백뿐만 아니라 차량 안전의 기준을 높인 많은 기계 장비를 도입했다. 하지만 통계에 따르면 이는 아직 부족하다. 디지털 혁명 이후 ECU와 다양한 센서의 통합으로 차량 안전은 완전 무사고라는 목표를 향해 진일보했다. 최근 연구에 따르면 94%의 심각한 차량 사고는 인간의 실수로 발생하며[41] 이는 차량 자동화 확대의 중요성을 보여준다. 마지막 목표는 차량의 완전 자율성으로, 인간의 실수를 방정식에서 제외하는 것이다. 안전에 더해 높은 수준의 자동화는 더 나은 생산성, 줄어든 스트레스, 보다 효율적인 운행 시간 활용을 보장한다. 도로 위의 차량도 줄어들고 주차공간 또한 다른 용도로 쓸 수 있을 것이다.

최초의 ECU들은 작고 단순했으며, 작은 데이터를 처리하는 데 사용됐다. 예를 들어 초기 ACU^{Airbag Control Unit}의 경우, 주요 입력은 기본적으로 스위치의 역할을 하는 초기의 IMU^{Internal Measurement Unit}인 "G"기계 센서의 측정이다. 갑작스러운 감속이 발생할 경우, 이 센서의 신호는 현재의 차량 속도 및 스티어링 각도와 비교 후 작동된다. ACU 알고리즘은 데이터를 처리하고, 하드코딩된 에어백 전개 임곗값에 따라 전개 여부를 결정한다. ACU가 이 임곗값에 도달하려면 일반적인 머신러닝 및 데이터 마이닝 방법이 필요할 수 있다.

머신러닝^{ML, Machine Learning}은 오늘날 자동차 분야에서 일반적으로 쓰인다. 소비자의 만족도나 경제 트렌드의 패턴 등을 발견하는 지원 용도는 이제 차량 내부에서 운전자의 얼굴이나 눈의 움직임 패턴을 분석해 졸린 정도를 모니터링(이전 장에서 본)하기 위해 사용된다. 머신러닝을 좀 더 복잡한 상황에 적용할 때, 흔히 말하는 '똑똑한 일'을 수행할 때 이를 AI라고 부른다. AI가 활용돼 교통체증을 헤치고 복잡한 상황을 해결하는 SDC^{Self-Driving Cars}가 바로 그렇다.

AD^{Autonomous Driving}는 논의의 여지 없이 AI가 적용된 좋은 경우다. 많은 종류의 센서(카메라, 레이더, 라이다 및 초음파를 포함하는)가 AD를 위해 쓰인다. 이러한 각 센서 양식의 데이터는 머신러닝과 AI를 통해 처리 및 이해돼서 복잡한 기능의 수행이 가능하다. 몇 가지 좋은 예는 AEB^{Automatic Emergency Braking} 또는 첨단 ACC^{Automatic Cruise Control}를 가능하게 하는 다양한 ECU들이다. 다른 예는 LKA^{Lane Keep Assistance}나 TSR^{Traffic Sign Recognition}이 가능한 최신 스마트 카메라들이다.

AEB, ACC, LKA 및 TSR은 이미 존재하는 ADAS^{Advanced Driver Assistance Systems} 예시다. 이들은 오직 도움을 주기 위해 설계됐고, 여전히 운전자에게 항상 책임이 있다. 지금까지 ADAS는 좋은 자동화 수준은 운전 중 안전과 편안함을 동시에 개선할 수 있다는 좋은 선례를 남겼다. 이런 맥락에서 SAE는 자동화 없음(레벨 0-2, 운전자 지원기능)에서 완전 자동화(레벨 3-5, 자동 운전 기능)까지의 6가지 운전 자동화 수준을 정의했다[42].

레벨 2와 그 아래는 일반적으로 "눈 뜨고, 손 올리기"로 이해되는데, 이는 운전자가 루프 내내 집중해서 운전하는 것을 의미한다. 레벨 2의 기능은 스티어링 및 제동/엑셀 보조를 지원할지도 모르지만, 운전자가 항상 차량을 통제할 의무를 줄여주진 않는다.

대신 레벨 3은 "눈 뜨고, 손 떼기"를 허락하는데, 레벨3 기능이 작동 중일 때 사람이 운전하진 않지만 도로에 주의를 기울인 상태로, ADAS 기능이 요청할 때는 직접 제어해야 한다. 레벨 3은 모든 필수 조건이 충족될 때만 운전 할 수 있다. 한 가지 예시는 TJC^Traffic Jam Chauffeur이다.

레벨 4와 5는 운전자가 제어권을 넘겨받을 필요가 없는 시스템을 말한다. 같은 비유로는 "눈 떼고, 손 떼기"라 할 수 있다. 레벨 5와 4의 주요 차이점은 전자가 모든 조건에서 차량을 운전할 수 있는 반면, 후자는 특정한 ODD^Operational Design Domain, 예를 들어 도심의 지정된 영역의 로봇택시나 특정 조명 및 기상 조건(주간이나 맑은 날, 혹은 가벼운 비 미만)을 의미한다.

2장에서 우린 AI가 SDC 기술의 중심 역할을 수행하는 레벨 3과 그 이상에 집중할 것이다. 이어지는 절에서 AD를 해결하기 위한 AI 알고리즘, 구체적으로는 탐지와 계획, 수행과 같은 AD에 대한 모듈식 접근을 살펴볼 것이다. 모듈식 AD 접근법에는 센서 입력을 액추에이터^Actuator 출력으로 연결하는 별개의 요소 간의 파이프라인 연계가 적용됐다. 대조적으로 엔드 투 엔드 접근법에선 주어진 센서 입력 집합에서 직접 제어 명령을 추론한다. 이는 6장에서 보다 자세히 설명한다.

인지

인간은 주변의 물리적 환경을 감각을 통해 인지^{Perception}하며, 이는 마주친 상황을 가늠하기 위한 필수 정보를 제공한다. 예를 들어, 길을 건너고 싶다면 눈으로 장면을 관찰해 보행 가능한 횡단보도 표시를 식별하고 다른 도로 사용자나 신호등과 같은 장애물을 탐지한다. 귀는 다가오는 차량의 소음을 감지한다. 이 모든 정보는 합쳐져서 근처 물체의 속도와 방향과 같은, 현재 주변의 상태에 대한 정신적인 지도를 만든다. 추가적으로 자신의 속도나 방향에 대한 이해를 이 정신적인 지도에 포함한다. 환경과 스스로의 상태에 대한 인지는 계획하고 그에 따라 행동하기 위한 충분한 정보를 제공해야 한다.

주변 환경을 인지하는 것은 교통 상황을 평가하는 데 매우 중요하다. 이를 위해서 AV^{Autonomous Vehicles}는 카메라, 레이더, 라이다 그리고 초음파, 더해서 이동거리나 관성을 측정하는 다양한 센서를 사용한다. AV는 센서뿐만 아니라 적절한 AI를 사용해 여기서 나오는 정보를 이해한다.

AD 시스템은 길을 건너는 보행자의 비유처럼 도로 사용자, 도로 경계, 주행 가능한 공간, 신호등, 교통신호, 그리고 다른 모든 요소를 탐지, 분류해 3D 정보로 특성화해야 한다. 고속 시나리오에서 위험요소나 위협을 빠르게 알아내는 것은 매우 중요하다. 빠른 속도는 운전자가 개입하기 전에 더 먼 거리를 운행하고 개입 이후에도 긴 제동 거리를 의미하기 때문에 근처의 요소뿐만 아니라 먼 거리를 탐지하는 것이 필수적이다[43]. 이는 AI 알고리즘과 사용되는 센서들은 먼 거리에서도 신뢰할 수 있는 검출률을 제공할 필요가 있으며, 센서의 해상도와 데이터 전송에 대해 더 높은 기준이 요구된다.

AD의 인지 알고리즘에서 또 다른 중요한 요구 사항은 빠르게 수행되는 것이다. 이는 1ms가 안전한 작동을 보장하는 실시간 시스템의 중요한 부분이다. 예를 들어 차량이 100km/h로 움직일 때, 이는 초당 28m로 반응하는데 1초가 더 걸린다면 제동거리가 28m 늘어나게 된다[12]. 센서들이 탐지거리와 정확도 조건을 만족하기에 충분한 정보를 제공해야 하고 AV 시스템이 동시에 여러 센서를 이해해야 한다는 것을 가정할 때 고성능 ECU가 필요하다는 결론은 당연하다. 그러나 설령 그런 것이 사용되더라도, AI 알고리즘은 정확도와 가용 컴퓨터 자원 사이의 적절한 절충점을 찾아야 한다. 더 좋은 성능은 안전성의 향상으로 바뀐다.

필요성과 제약의 측면에서, 연구자들과 개발자들은 각 센서 양식에 따른 차별점을 가지는 여러 다른 인지 방법을 제안했다. 더해서 최근의 방법들은 몇 가지 센서 양식을 함께 사용한다. 대부분의 최신 방법들은 CNN^{Convolutional Neural Network}과 같은 딥러닝 기법을 사용한다. CNN은 생물학적 뉴런을 모방하려 시도한다. 현재 존재하는 대부분의 방법은 '지도학습'으로 명명된 그룹으로 수백만 개의 예시를 통해 정해진 작업을 학습한다. CNN의 사용은 2012년 AlexNet이 GPU를 사용해 확실하게 빨라지고 기존 방법을 압도하며 폭발적으로 증가했다[44]. 유용하고 많이 알려진 몇몇 CNN 구조는 AlexNet, GoogleNet, Resnet 그리고 VGG−16[45]이다. 센서마다 다른 CNN 방법을 필요로 할 수 있다. 카메라와 라이다에서 일반적으로 사용되는 인지 방법을 다음 단락에서 간략하게 다룰 것이다.

오직 카메라만 이용하는 접근 방법은 개체기반, 픽셀기반의 두 가지 그룹으로 분류할 수 있다. 개체 기반 방법은 2D 바운딩박스로 캡슐화 가능한 개체들, 예를 들어 차량, 자전거, 보행자, 교통신호와 신호등을 탐지하고 분류하기 위해 사용된다. 반면에, 픽셀 기반 방법은 각 픽셀에 클래스를 할당하기 위해 이미지 세그멘테이션을 사용하는데 이는 특히 바운딩박스로 분류할 수 없는 도로나 차선과 같은 요소에 유용하다.

개체 기반 방법은 소위 '싱글샷' 알고리즘과 영역 기반 알고리즘으로 분류할 수 있다. 예를 들어 YOLO$^{You Look Only Once}$[46]와 SSD$^{Single Shot Detector}$[47]는 심층신경망을 통해 탐지와 분류를 수행한다. 먼저, 이미지는 셀로 나누어져 격자를 형성한다. 그리고 각 격자 셀의 특징이 추출되고 클래스 확률이 계산된다. 영역 기반 알고리즘은 2단계 방법이라고도 불리며, 먼저 ROI^{Regions of Interest}를 탐지하고 이에 대해 분류가 수행된다. 예를 들어, 이미지의 둥근 형태는 TSR의 ROI로 탐지될 것이다. 한번 ROI가 탐지되면 분류기는 그것이 진짜 교통 신호인지 여부를 알려주고, 어떤 교통신호인지도 확인할 수 있다. 영역 기반 방법은 더 나은 개체 인식과 위치 추정을 하지만 싱글샷 방법은 더 빠르고 이로 인해 실시간 애플리케이션에서 더 일반적으로 사용된다[48].

이미지 세그멘테이션 방법은 이미지의 각 픽셀을 특정한 클래스, 예를 들어 도로, 차량, 보행자, 나무, 건물이나 하늘 등으로 분류한다. 이미지 세그멘테이션은 높은 계산을 요구하기 때문에 최근까지는 실시간 애플리케이션에 적합하지 않았다. 이 방법은 단일 프레임에 전결합 신경망을 사용하는 방법으로 분류될 수 있는데, 정확도의 측면에서 볼 때 최고 수준의 기술이지만 계산비용이 비싼 DeepLab[49]이나 정확도와 효율성이 적절한 조화를 이루는 Enet[50], 그리고 시간 정보를 활용하는 LSTM^{Long Short-Term Memory}[52, 53] 방법이 있다. 첫 번째 그룹은 구조에 대한 선험적 지식, 예를 들어 이미지의 특정 부분이 하늘이나 도로 혹은 다른 구조물일 가능성을 결합해 실행시간과 정확도를 최적화하는 데 도움이 될 수 있다.

모노 카메라는 3D 정보 생성에 모자란 부분이 있다. 스테레오 카메라는 3D 정보를 만들어 낼 수 있지만 3D 재구성의 정확도는 이미지의 해상도, 스테레오 쌍 사이의 기준 길이(즉, 이미지를 생성하는 두 카메라 사이의 거리), 그리고 3D 개체에 대한 거리 등에 의해 제한된다. 반면에 정확한 3D 정보는 주로 라이다의 공헌이다. 라이다의 기본 원리는 광선이 광원으로부터 이동해서 물체의 표면에 반사돼 광원으로 돌아오는 시간을 측정하는 것이다. 모뎀 라이다 "방송"센서는 지정된 방향을 향해 1초에 수백, 수천 개의 광선을 전송할 수 있다. 이 광선들의 반사는 공간적인 위치를 나타내는 3D 포인트 클라우드를 만들어낸다. 각 3D 포인트는 장면상의 특정한 개체에 속한다고 가정하기 때문에, 식별 후 각 포인트 역시 정확한 개체에 할당돼 "군집화(클러스터)" 돼야 한다.

라이다 포인트 클라우드를 처리하는 방법은 크게 두 가지 분류로 하나는 3D 포인트 클라우드를 2D 데이터로 변환해 2D 이미지 기술을 활용하는 것, 또 하나는 3D 포인트 클라우드를 직접 형태를 식별하는 데 사용하는 것이다. 첫 번째 그룹의 예제는 라이다 3D 포인트를 이미지 평면에 투영하고 이미지 개체 탐지(이미지 내부의 개체를 탐지하는 기술)를 기반으로 클러스터하거나, 3D 포인트를 2D 탑뷰 혹은 깊이 지도로 매핑한 후 2D 이미지 분류를 적용한다. 반면 두 번째 그룹은 2D 평면이미지를 사용하지 않는다. 대신 3D 데이터는 VoxNet, SparseConv나 3DMV와 같은 알고리즘을 이용해 복셀Voxel이란 셀 격자로 분할해 직접 분석되거나, 3D 포인트에 PointNet이나 SPLATNet 같은 CNN 분류 네트워크를 3D 포인트에 직접 적용한다. 그런 방법들은 지면(즉, 노면)에 세그멘테이션을 수행하거나[54], 3D 차량을 탐지하거나[55], 곡선 및 연석의 정확한 형태를 이해하기 위해 사용된다[56].

인지의 맥락에서 개체 탐지와 분류의 방법을 살펴봤다. 탐지와 분류는 중요한 구성 요소지만 인지는 그 이상으로 확장된다. 환경을 인지하는 것은 주변 상태를 적절히 이해하기 위한 개체 추적, 다중 센서 데이터 융합 등 관련 알고리즘을 포함한다. 비록 더 구체적으로 설명하지 않았지만 여기서 다룬 각 주제가 유익했길 바란다.

계획

차량이 주변 도로 이용자들과 도로경계, 주행 가능한 도로를 이해했다면, 이제 최선의 행동을 계획할 때다. 계획은 여러 계층을 포함하는 복잡한 작업이다. 교통 법규를 지키며 A에서 B로 가는 최적의 경로를 찾는 전역 계획과 현재 장면에서 외부 액터들의 가장 확률이 높은 행동을 추정하는 행동 계획, 그리고 차량의 즉각적인 행동을 계획해 다음 위치로 움직이는 연속적인 궤적을 생성하기 위한 지역 계획이 있다.

길을 건너는 상황을 상상해보자. 목표는 몇 분 거리의 길 건너편 빵집에 도달하는 것, 이것이 전역 계획이다. 이제 장면을 인지하고 길을 건너기에 가장 적절한 위치를 선택하고, 어디로 걸을 수 있을지 다른 보행자들의 상태를 추정하며 그들이 어디로 갈지 예측한다. 다르게 말하자면 그들의 행동을 '계획'한 후 다음 행동을 계획한다. 원하는 목표에 도달하는 경우의 수는 여러 가지가 있다. 한쪽 길을 계속 걸어가다 가장 가까운 지점에서 건너거나 바로 횡단보도부터 건널 수도 있다. 어떤 선택지가 가능하고, 어떤 방법이 안전하거나 최적인지 결정하기 위해 주어진 정보를 평가하고 적절히 계획해야 한다.

이 비유는 AV에도 적용된다. 주변을 인지한 후, 차량은 몇 가지 가설을 심사숙고하고 가장 적절한 하나를 선택해 최종목적지로 가능한 안전하고 빠르게 교통법규를 준수하며 움직여야 한다. 목표를 달성하기 위해서 차량은 스스로의 위치를 지도상에서 추정할 수 있어야 최적의 경로를 계산할 수 있다. 동시에 다른 엑터들의 가능한 행동을 예측해야 즉각적인 경로를 산출할 수 있다.

전역 규모에서 AV는 알려진 현재 위치에서 목적지에 도달하기를 원하는데, 이 위치는 내장된 글로벌 위성 내비게이션 시스템과 차선표시, 가로등, 교통표지판 같은 사전 매핑된 개체와 여러 정적 개체들의 위치를 연결하는 정교한 알고리즘에 의한 것이라 가정할 수 있다. 최선의 경로는 다양한 파라미터, 예를 들어 교통 규칙, 선험 교통지식, 현재 상황, 거리 등을 통해 계산할 수 있다. 교통 규칙, 도로 길이와 같은 도로에 관련된 정보는 이미 존재하는 지도의 일부분이다. 지도는 일반적으로 그래프의 형태로 나타나는 반면 현재 교통 밀도나 다른 실시간 정보는 백앤드 서버 통신, V2V$^{Vehicle-to-Vehicle}$나 V2I$^{Vehicle-to-Infrastructure}$를 통해 제공된다. 그래프는 노드와 이를 연결하는 엣지로 구성되는데 교차로를 노드로, 그리고 그것에 도달하는 도로를 엣지로 생각할 수 있다. 각각의 엣지는 다른 교차로 노드에 연결돼 있을 것이다. 직관적으로 이러한 엣지는 거리, 최대 제한 속도, 방향, 현재 교통상황들과 연관돼 있을 것이라 생각할 수 있고, 이는 그래프 이론에서 가중치^{weight}라고 한다.

경로를 계획하기 위해서는 그래프를 통과(기본적으로 정보를 평가하는 것을 의미)하며 원하는 목표를 향한 최상의 경로를 찾아야 한다. 이는 가장 빠른 길이거나, 가장 짧은 거리 혹은 교통신호가 가장 적은 경로일 수 있다. 이를 위해 몇 가지 그래프 탐색 알고리즘이 사용되는데 개중 BFS$^{Best-First Search}$는 사전 정의된 룰에 따라 현재 상황에서 가장 유망한 노드를 선택해 그래프를 탐색한다. BFS의 좋은 예는 Dijkstra와 A*로 두 방법 모두 두 개의 노드(현 위치와 목적지를 의미하는)를 연결하는 가중치나 비용(시간이나 연료, 거리 등)을 최소화 하는 경로를 찾는다. 두 방법 중엔, A* 방법이 더 정확하고 효율적이다. 이 방법들을 큰 규모의 지도에서 실시간으로 사용하기 위해 보통 증분 그래프Incremental graph가 사용된다. A*와 같은 BFS방법은 사전 정의된 휴리스틱에 의지하는 반면, 최근의 방법은 AI를 사용해 그러한 선택을 최적화하거나, RNN Recurrent Neural Network 을 사용해 경로 계획과 물류에 접근하는 새로운 방법을 찾는다. 후자의 방법은 시간적 순서(예를 들어, 일정 시간에 걸친 연속적인 차량의 위치 등)를 고려할 수 있기에 경로 설정 애플리케이션에 적합하다[57].

행동 계획의 측면에서 다른 도로 사용자의 가능한 행동을 분석하는 폭넓은 연구가 있는데, 예를 들면 마주 오는 차량이 그대로 직진할지 아니면 돌아서 경로에 끼어들지 예측하고 이해하는 것이다. 인간의 운전 행동은 실제 사람의 운전 경험을 모방(관찰 및 반복)하는 것으로 학습할 수 있다. 그러나 사고나 위험한 상황처럼 자주 일어나지 않으며 기록하기 힘든 코너 케이스(정상 작동 파라미터를 벗어난 상황이나 문제)가 있고, 실제 기록된 예제가 제한돼 있기에 이러한 행동은 학습할 수가 없다. 대신, 시뮬레이션된 데이터와 DRL Deep Reinforcement Learning을 이용해 그런 상황을 학습할 수 있다. DRL은 RL과 딥러닝 두 가지 AI 기술의 조합이다. RL$^{Reinforcement\ learning}$ 알고리즘은 순차적인 시행착오의 긍정적인 결과를 결합, 활용하고 부정적인 것을 억제해 어떤 행동이 최선인지 결정한다. 딥러닝은 복잡한 입력데이터를 평가할 수 있는 더 많은 은닉층이 있는 신경망을 기반으로 ML을 설명하는 유명한 방법이다.

최선의 경로를 계획하는 몇 가지 구현들은 몇 가지 가능한 중간지점의 집합에 "피팅 커브$^{Fitting\ curve}$"를 맞추는 데 기초한다. 이것은 전면 카메라가 인식하는 차선 표시의 중간 경로로 정의될 수 있다. 피팅 커브는 부드러운 궤적을 만드는 데 유용한 몇 가지 곡선 구축 모델(다항식, 스플라인, 클로소이드, 베지어 곡선 등)로 만들어질 수 있다. 다른 구현 방법은 가능한 내비게이션 영역에서의 무작위 샘플링 혹은 최적화를 사용한다. RRT$^{Rapidly\ exploring\ Random\ Tree}$는 무작위 샘플링 경로 계획 알고리즘의 예시인데 이런 방법은 최적의 경로를 보장하지는 못한다. 최적화 기반 방법은 최적경로를 생성할 수 있지만, 높은 계산량은 실시간 작동에 중대한 장애물이 될 수 있다.

자동차 연구의 최근 추세는 학습 기반의 방법에 주목하는데, 이는 최적의 차선 변경 경로 계획[59]과 같이 사용된다. 다른 AI 기반의 경로 계획은 공간-시간 특징을 LSTM 기반의 신경망을 통해 학습한다[60].

동작 제어

다음 단계는 계획에 따라 움직이는 것으로, 즉 계획을 실행 가능한 움직임으로 전환하는 것이다. 다시 빵집에 가는 예제로 돌아가서 바로 앞에 양쪽 방향에서 차량이 오고 가는 횡단 보도가 있다고 가정할 때 계획은 더 이상 차가 오지 않을 때까지 멈춰 있는 것일 수도 있다. 이는 몸이 멈추라고 명령 받은 것이다. "정지" 행동은 부드럽거나, 갑작스럽거나, 빠르거나, 느리거나, 지속되거나 중단될 수도 있다. 선택된 역학은 통제된 방식으로 움직이기 위해 적당한 시간 동안 더 많은 혹은 적은 에너지를 사용하는 것이다. 인간은 그러한 행동의 함축성에 대해 생각하는 경향은 없지만, 실제 엑추에이터인 다중 근육에 올바른 신호를 보내는 것은 복잡한 작업이다.

동일한 원리가 AV에도 적용된다. 올바른 신호가 스티어링이나 제동 시스템, 엔진, 트랜스미션, 서스펜션 등 다양한 엑추에이터에 전달돼야 한다. 이런 신호는 0이나 1의 "전부 아니면 전무"의 신호가 아니며, 이를 엑추에이터가 이해할 수 있는 의도된 동작, 예를 들어 주어진 시간 내 완전히 정지하기 위해 제동 시스템에 요구되는 적절한 압력으로 매핑하는 것이 모션 컨트롤러의 일이다.

모션 컨트롤러는 차량의 실시간 상태 정보에 의존하는데, 속도와 방향을 고려해 올바른 차량의 역학 모델을 추정해야 한다. 차량 역학 모델을 추정하는 기술은 모델 기반과 데이터 기반의 두 가지 주요 그룹으로 나눌 수 있다. 모델 기반 방법은 일반적으로 잘 알려진 칼만 필터[KF, Kalman Filter]나 파티클 필터[PF, Particle Filter]의 변형으로, 측정의 오류가 있을 때 차량의 추정치를 최적화하지만 기준이 되는 차량 모델에 근거한다. 반면 데이터 기반 방법은 과거 및 실시간 데이터 학습을 통해 차량의 상태와 파라미터를 추정함으로써 모델기반의 한계를 피한다. 이 학습 과정은 AI 신경망을 이용하지 않는다[61].

적절한 차량 역학이 추정되면, 모션 컨트롤러는 이제 차량을 원하는 경로로 가능한 가깝게 유지할 수 있는 명령을 보낼 수 있다. 여기서 ACC 시스템에 많이 사용되는 PID[Proportional-Integral-Derivative] 컨트롤러 같은 전통적인 솔루션을 고려할 수 있다. PID 컨트롤러는 피드백 루프를 이용해, 실제 측정값과 목표값의 차이를 계속 계산해서 적절한 교정을 적용한다. 그러나 PID 컨트롤러는 고정된 파라미터 집합에 의존하기 때문에 한정된 경우로 사용처가 제한된다. 최근엔 학습 데이터를 활용하는 "학습하는 컨트롤러"의 수요가 늘고 있다. 학습 컨트롤러는 차량의 동작 효과와 장애를 예측할 수 있어 안전성과 편안함을 개선할 수 있다[62]. 이런 학습 컨트롤러는 CNN을 사용하는데, 예를 들어 SDC의 경로추적을 위한 반복학습 제어나 동작 최적화 문제를 풀기 위한 모델 추정 제어가 있다. DRL이나 모방 학습은 좌회전, 우회전, 가속, 제동 등의 불연속적인 행동 제어를 유도하기 위해 적용됐다[61].

요약

AI의 최초의 물결은 AD 연구와 개발을 형성하며 기존 ADAS 해결책의 일부가 됐고, 특히 OTA^Over The Air를 통해 AI 알고리즘을 개선/배포 가능한 프로그램 정의되는 차량 추세를 고려할 때 점점 더 많은 차량에 도입될 것이다. 이미 AI 기반 SDC의 조기학습 단계의 일부인 여러 시제품과 생산품을 도로에서 볼 수 있다.

단순한 사용 예시는 컴퓨터 비전(컴퓨터가 사람과 같이 시각적으로 인식하는 것), 경로계획이나 동작 제어 알고리즘인데, AI 덕분에 전통적인 알고리즘으로는 일반적으로 실패하는 코너케이스와 복잡한 시나리오를 해결할 수 있게 됐다.

이 장에서 AD의 복잡한 문제를 탐지, 계획, 행동 세 가지 주요 요소로 단순화할 때 AI가 탐지에서 얼마나 중요한 역할을 하는지, 얼마나 많은 패턴 인식 알고리즘들이 사용 가능한지 살펴봤다. 또한 계획과 동작 제어에서 AI를 사용할 때 큰 이점을 얻는다는 점을 알아봤다. 기존의 방법은 수작업된 파라미터와 사전 정의된 룰을 사용하는데, 이는 AI와 머신러닝 기술로 자동화되고 최적화될 수 있다. 또한, 연구와 개발이 AI기반 및 머신러닝 기반의 방법으로 이동하고 있음을 봤다. 이들 중 일부는 차세대 AD 차량 그 자체가 될 것이다.

새로운 AI 알고리즘 사이에서는 딥러닝 기반의 경향이 증가하고 있다. CNN은 정지 이미지나 프레임에서 개체를 인지하는 등의 공간 정보를 처리하기 위한 일반적인 방법으로 사용된다. RNN은 비디오 같은 시간 정보를 처리하는 데 사용되고 특히 경로 계획 알고리즘에 적합하다. DRL은 차량을 목적지로 운행하는 최적의 정책 학습에 많이 쓰인다.

이는 모두 시작에 불과하다. 나아가서, AD는 점진적으로 대량 생산의 일부가 되고 AI의 개발과 혁신과 함께 실현될 것이다. 즉, 안전하고 튼튼한 AD는 AI와 손잡게 되는 셈이다.

CHAPTER 3

차량 인포테인먼트 시스템을 위한 AI

지난 2세기 동안, 자동차는 단순한 운송수단(혹은 "말의 대체품")에서 멀어져 모터로 구동하는 개인 연결 장치가 됐다. 그러나 자동차가 부유층과 특권층의 전유물의 지위를 잃기 시작한 것은 20세기 초에 이르러서였다. 1910년대 차량의 대량생산 혁명을 이룬 헨리 포드 덕분에 자동차는 적절한 가격이 됐고 개인 운송수단으로서의 차량 개념이 부상하기 시작했다.

자동차 제조자들이 경쟁에서 이기기 위해 끊임없이 방법을 모색함에 따라, 고객들의 기대치는 단순히 A에서 B로 안전하게 이동하는 제품으론 만족할 수 없게 됐다. 운전 경험 전체가 새로운 USP^{Unique Selling Point}가 됐다. 따라서 차량 내부의 정보시스템, 오락시스템, 줄여서 인포테인먼트 시스템은 운전자와 탑승자 모두가 차량 안에서 보내는 시간을 즐겁게 만드는 데 중요한 역할을 한다. 오늘날엔 자동차 제조사가 최소한 라디오와 같은 기본적인 인포테인먼트 관련 기능 없이 자동차를 만드는 것은 상상도 할 수 없다.

어떻게 AI가 인포테인먼트 시스템에 적용될 수 있는지 알아보기 전에, 이 시스템이 무엇인지 살펴보자. 이름이 알려주듯 인포테인먼트 시스템은 차량의 이용자에게 정보나 오락 기능을 제공하는 소프트웨어와 하드웨어의 집합을 일컫는 일반적인 용어다. 이는 빌트인 내비게이션 시스템부터 뒷좌석의 스크린이나 블루투스 스피커 등의 다양한 기능이다. 인포테인먼트 시스템의 일부로 작동되는 특별한 소프트웨어 부품인 HMI^{Human-Machine Interface}는 다양한 차량 요소와 사용자의 상호작용을 기반해 표시되는 정보를 조정하거나 시스템의 기능을 제어한다. 정보는 중간 콘솔이나 계기판 또는 헤드업 디스플레이와 같은 다양한 방법으로 동시에 표시될 수도 있다. 사용자의 제어는 버튼이나 스티어링휠, 터치스크린이나 패드, 혹은 터치조차 필요 없는 음성명령이나 손짓 등 다양한 형태를 취할 수 있지만, 이 기술은 다음 절에서 간략히 설명할 것이다.

전자 제품(정확히는 스마트폰) 소비자로부터 비롯되는 빠른 혁신은 의심의 여지 없이 인포테인먼트 시스템 디자이너들에게 큰 도전을 제기했다. 예를 들어, EU에서 운행되는 승용차의 평균 연식은 11년이다[63]. 모든 인포테인먼트 시스템이 적어도 10년 전에 만들어졌을 소프트웨어나 하드웨어로 최신 기술을 따라잡을 수 없다는 건 놀라운 일은 아니다. 또한 인포테인먼트 어플리케이션이 점점 복잡해지거나 계산량이 집약되거나 혹은 단순히 많은 양의 데이터를 요구하게 되며 하드웨어 제약이 있는 차량의 임베디드시스템에 적합하지 않게 돼, 클라우드 서버와 같은 외부의 계산 자원에 의존적이게 됐다. 그러나 자동차의 "온라인" 상태가 길어질수록 (사이버) 공격의 범위는 넓어진다. 다시 말해, "연결된" 차량은 일반적으로 "오프라인"의 차량보다 더 나은 서비스 및 사용자 경험을 제공하지만 그만큼 더 높은 보안 위험을 감수해야 한다. 인포테인먼트 시스템은 대부분의 차량에게 "인터넷 관문"의 역할을 하며 근본적으로 이를 보안 침입에 가장 취약한 부분으로 만든다.

이후의 절에서 AI에 의해 권한을 부여받은 세 가지 인포테인먼트 시스템의 예시를 살펴볼 것이다.

제스처 제어

제스처는 손, 머리, 혹은 다른 몸의 부위를 통해 비언어적인 표현으로 특정한 메시지를 전달하는 방법이다. 무작위 동작과는 대조적으로 의미가 있거나 의도적인 움직임만이 제스처로 간주된다. 우리는 일상 속에서 제스처를 사용하며 심지어 아무 생각 없이 그리한다. 엄지를 위로 들어올려 승인을 표하거나 아래로 내려 거절하는 식이다. 제스처는 언어를 공유하지 않는 타인과 소통하기 위해 사용할 수도 있다.

제스처로 컴퓨터를 제어하고자 하는 아이디어는 완전히 새롭지는 않다. 제스처를 통해 사람과 컴퓨터의 상호작용을 하는 연구는 1980년[64]으로 돌아간다. 그 이후로, 유명한 공상 과학 영화는 제스처 제어를 미래적인 인간−컴퓨터 상호작용의 특징으로 삼았는데, 마이너리티 리포트(2002)나 아이언맨(2008)은 제스처 제어를 컴퓨터와 상호작용하는 대체 수단으로서 널리 알리는 개념을 만들었다.

제스처 컨트롤을 차량의 사용자 입력 중 하나로 사용하는 것은 더 좋은 사용자 경험과 보다 감소된 주의 분산으로 개선된 안전 등 몇 가지 장점이 있다. 후자에 대해서, 네덜란드에서 수행된 위트헤르트 대학의 Van Nimwegen과 Schuurman의 연구는 운전자들이 제스처를 통해 부차적인 작업(운전이 아닌)이 가능할 때 도로에 할애하는 시간이 훨씬 많다는 것을 보여줬다[65].

제스처 인식과 제어는 최근 40년간 활발하게 연구됐지만 양산 차량에 적용된 것은 최근이다. 2017년 BMW 6 시리즈는 최초로 그들의 인포테인먼트 시스템에 대한 비접촉 상호작용으로 제스처 제어를 사용했다. 그 이후로 제스처 컨트롤은 다른 자동차 제조업체에서도 사용하게 됐으며, 사운드 시스템 볼륨 조절 또는 재생 목록 트랙 변경과 같은 기본적인 손과 손가락 제스처를 지원한다.

제스처 인식 시스템은 보통 차량의 천장에 장착돼 중앙 콘솔 앞 영역을 내려다보는 카메라를 사용한다. 주변의 조명 상황과 관계없이 신뢰성 있는 인식을 위해, 카메라 기반 시스템은 보통 추가적인 필터(일광필터 등)를 통해 인식 과정에 불필요한 광스펙트럼을 제거한다. 동시에 NIR LEDs^{Near-Infrared Light-Emititing Diodes}와 같은 조명을 추가한다[67]. 비록 사람의 눈에 보이진 않지만, NIR LEDs가 방출하는 빛은 전경의 물체와 배경의 대비를 개선해 인식에 큰 도움을 준다.

대체 방안은 레이더를 카메라 대신 사용하는 것이다[68]. 카메라 기술과 달리, 레이더는 주변 조명과 관계없이 신뢰성 있게 작동한다. 또한 보다 "사용자 프라이버시 친화적"이다. 반면 레이더 기반 시스템은 보통 카메라 기반 방법에 비해 낮은 해상도를 가진다. 예를 들어, 아주 가깝게 위치한 신체 부위들의 움직임과 작은 제스처를 구별하지 못할 수도 있다.

새롭게 테스트된 방법은 레이더와 카메라 양쪽의 장점을 결합한다[69]. 근거리 레이더, 컬러 카메라, TOF Time-of-Flight 카메라의 조합을 통해 다양한 조건에서의 전반적인 제스처 제어 시스템의 정확도와 성능을 개선시키면서 전력소모를 크게 절약할 수 있다. 이 시스템은 유의미한 장점이 있지만, 다양한 센서가 필요한 만큼 구성 비용이 비싼 경향이 있다.

이제 제스처 제어가 어떻게 작동하는지 분석해보자. 카메라나 다른 센서를 사용하는 제스처 인식 시스템이 이 기술의 핵심이다. 이 책(2020)이 쓰일 때의 양산 차량의 제스처 제어 시스템은 대부분 카메라에 의존적이기 때문에, 논의는 카메라 기반의 시스템으로 제한될 것이다.

기술적인 용어는 시스템마다 다를 수 있지만 제스처 인식 시스템은 일반적으로 3가지 단계인 감지, 추적 그리고 인식으로 구성된다[70].

제스처 감지는 첫 번째 단계다. 손이나 손가락 같은 제스처 관련 개체들은 이미지의 다른 관계없는 것들(배경으로 간주되는)과 구별돼 위치가 추정된다. 이 작업은 세그멘테이션이라고도 하며, 전체 이미지의 모든 픽셀을 의미 있는 개체의 영역들과 배경으로 할당해 분할하는 것이다. 감지를 더 잘하기 위해서, 카메라에서 얻어진 원본 프레임은 노이즈 제거나 대비 강화와 같은 몇 가지 필터링 과정을 거칠 수 있다.

　유의미한 개체들이 식별된 후 시스템은 연속적인 프레임에서 그들의 움직임을 추적한다. 추적은 거의 모든 개체 인식 시스템에서 필수적이다. 첫 감지 이후, 개체가 일시적으로 탐지 불가능해도 추적을 통해 후속 프레임에서 개체의 위치를 추정할 수 있다. 제스처 제어의 문맥에서 추적은 시간에 따른 개체의 궤적을 제공하며 이는 다이나믹 제스처, 그러니까 '왼쪽에서 오른쪽으로 스와이프' 같은 연속적인 동작을 포함하는 동작을 인식하기 위한 전제조건이다. 반면 승리(V)나 엄지척 같은 정적인 동작은 시간속성을 포함하지 않기 때문에 궤적관찰 없이 바로 번역이 가능하다.

　그 다음, 인식 단계는 이전 단계(추적)의 결과를 머신러닝 알고리즘을 통해 사전 정의된 제스처나 지원하는 제스처 세트로 분류한다. SVM이나 CNN같은 분류 알고리즘은 "가장 그럴듯한" 제스처, 즉 세트의 다른 제스처에 비해 가장 확률이 높은 제스처를 출력한다. 마지막으로, 식별된 제스처는 HMI가 의도된 동작(오디오 볼륨 업 등)을 수행하도록 한다.

음성 비서

인터넷의 풍부한 무료 데이터와 검색 엔진의 성능 덕분에 오늘날 정보를 얻고 사용하는 것은 더없이 쉬워졌다. 즉각적으로 현재 지역에 내일 비가 오는지 알 수 있다. 또는 외국어 단어의 의미를 몇 초만에 알거나, 어떻게 발음하는지 등 많은 것을 찾을 수 있다. 애플의 시리, 아마존의 알렉사 그리고 다른 서비스들은 스마트폰이나 컴퓨터에 질문을 직접 입력할 필요조차 없게 해준다. 말 그대로 스마트폰이나 스마트 스피커 혹은 다른 음성 지원 스마트 기기에 말하면 된다. 이런 입력 가능성과 스마트 홈 연결성을 결합해서 집에 있는 다른 스마트 기기를 "음성 명령"을 통해 부엌의 불을 끄거나 거실의 블라인드를 내리는 것을 할 수 있다.

음성 제어는 오랫동안 자동차의 멀티모달 사용자 인터페이스로 제안됐다. 음성 제어는 운전자에게 편리하며 생명을 구하기도 한다. 2019년 미국 NHTSA의 보고서에 따르면 2017년 미국의 발생한 치명적인 사고의 8%는 주의 분산이 원인이다[29]. 음성 제어와 같은 핸즈프리 사용자 인터페이스는 그들이 도로에 시선을 고정할 수 있도록 도와 안전성을 높일 수 있다.

2000년대 중반, 혼다와 IBM은 함께 최초의 발화 인식, 음성 합성 기능의 내비게이션 시스템을 탑재한 양산 차량을 발표했다. 시스템은 발음된 미국의 도로와 도시 이름을 인식하고 음성 합성을 통해 턴 바이 턴 방식으로 경로를 안내했다. 오늘날, 음성 기능을 갖춘 인포테인먼트 시스템은 흔해지고 대부분의 주요 자동차 제조업체가 제공한다.

음성 인식과 합성기술은 현대의 삶에서 AI 기반 기술이 얼마나 만연하고 영향력이 있는지 보여주는 두 가지 예시다. AI 연구 문헌에서 그들은 음성 처리 기술 중 가장 중요한 두 가지 하위 분야를 대표한다. 아직 음성 기호화, 화자 인지, 음성 강화 등의 다른 하위 분야는 덜 알려져 있지만, 이들의 어플리케이션은 알지도 못한 채 사용하는 AI 기술의 예시가 될 수 있다. 음성 강화 기술의 목적은 더 잘 들리게 하는 것으로, 보청기를 사용할 때 주변의 원치 않는 소음을 자동으로 줄여주는 기술이 그 예다. 그리고 음성 기호화 기술의 발전은 많은 대역폭을 사용하지 않고도 양질의 인터넷 전화를 즐길 수 있게 해준다.

자동차 제조업체들은 차량 내 음성 비서 기술을 자사 제품에 통합하기 위해 두 가지 일반적인 전략을 취한다. 첫 번째는 그들의 인포테인먼트 시스템에 Cerence(이전 이름 Nuance)나 다른 제조업체에서 만든 서드파티 내장 음성 비서 소프트웨어를 사용하는 것이다. 모든 음성 처리 작업(음성 인식이나 음성 합성)이 온보드 컴퓨터에 의해 수행되지는 않으며 일반적으로 인터넷 연결도 필요하지 않다. 이는 "화이트 라벨 제품" 전략이라 불리는데, 통합되는 음성 소프트웨어는 전체 인포테인먼트 시스템에서 구분되지 않는 일부가 되고 사용자는 각 소프트웨어가 어디서 유래했는지 모르기 때문이다.

다른 전략은 아마존의 알렉사나 구글 어시스턴트 같은 온라인 음성 비서 플랫폼을 사용하는 것이다. 첫 번째 방법과 반대로, 대부분의 음성 처리 작업은 온라인의 클라우드 서버에서 수행된다. 이런 온라인 서비스들이 사용자가 차량의 부분을 제어하려면(예를 들어 에어콘의 온도를 조절) 차량 제조업체들은 각 서비스의 API Application Programming Interface와 차량 네트워크의 접속을 지원해야 한다. 음성 처리의 복잡한 작업은 사실상 무제한의 자원을 가진 강력한 서버 팜에서 수행되기 때문에, 이러한 온라인 기반 시스템의 품질과 역량은 리소스가 제한된 (오프라인) 온보드 방법보다 훨씬 우수하다. 그러나 인터넷 접속 의존도가 높다는 단점이 있다. 인터넷 연결이 안 된다면 서비스를 완전히 사용 불가능하거나 제한적으로 운영될 수 있다. 왜냐하면 그것은 "오프라인된" 지식에 전적으로 의존하고 있기 때문이다. 후자의 경우, 시스템은 오직 제한된 어휘 집합이나 일부 기본적인 차량 제어 명령만 인식할 수 있을 것이다.

차량을 위한 음성 비서 기술이 점점 인기를 끌고 있음에도 불구하고, 많은 차량(특히 오래되거나 저렴한)에는 이를 위한 내장 지원이 존재하지 않는다. 물론 차량이 스마트폰이나 에프터마켓 제품에 인터넷으로 연결된다면 온라인 음성 지원 서비스는 가능할 것이다. 하지만 이런 기능이 차량에 통합되지 않았기 때문에, 이들이 차량 내부의 OBD-II^On-Board Diagnostics에 접근하지 않는 한 핸즈프리 사용자 인터페이스나 차량의 인포테인먼트 시스템과 같이 사용될 수는 없다. 그러나 통합되지 않은 기술들도 사용자가 음성 기술을 이용해 인터넷을 검색하거나 연결된 온라인 서비스나 스마트 기기를 활용하는 것은 가능하다. 특히 후자는 "Skills"나 "Actions"로 알려진 다양한 서드파티 확장을 통해 가능하다. 확장을 통해 제공되는 서비스나 제품은 사용자가 특정 작업을 수행하기 위한 음성 처리 서비스의 핵심 역량을 강화한다.

모든 음성 비서 기술의 중심은 ASR^Automatic Speech Recognition과 음성 합성 기술이 있다. 이 책에서 ASR의 몇 가지 기본만 살펴볼 것인데, 이 두 기술을 구성하는 복잡한 과정을 설명하려면 이 주제만을 다루는 별도의 책이 필요하다.

ASR의 첫 단계는 마이크로 녹음된 연속된 (아날로그) 음파를 디지털로 등록할 수 있는 일련의 개별 시간 샘플로 변환하는 것이다. 이 샘플은 시간에 따른 소리의 세기 변화(진폭으로 알려진)를 나타내며 음성 파형이라고도 한다. 아날로그-디지털 변환 이후, 음성 파형은 음향 분석 과정을 거친다. 이 과정은 파형을 프레임이라 불리는 작은 "덩어리"로 나누어 각 프레임에서 음향적 특징을 추출한다. 가장 관련성이 높은 음향적 특징은 MFCC ^{Mel} Frequency Cepstral Coefficients로 정의된다. MFCC를 설명하는 자세한 내용은 이 책의 범주를 벗어나기 때문에, 모든 소리(또는 음소)는 독특한 MFCC를 가지며 이는 각각의 소리를 구분하는 데 쓰일 수 있다는 사실이면 충분하다.(음소는 단어를 형성하는 소리의 가장 작은 단위다.)

음향적 특징이 추출되면, 학습 데이터에서 추출된 음향 모델로 가장 가능성이 높은 음소의 배열을 계산한다. 가장 유명한 음향 모델 중 하나인 GMM-HMM에 따르면, GMM ^{Gaussian} Mixture Model 상태가 HMM ^{Hidden Markov Model}에서 사용된다. 이 방법에서 GMM은 여러 가우시안 분포를 사용해 음소에게 주어질 음향 특성의 확률 모델을 만든다. (가우시안 분포는 정규분포라고도 하며, 기본적으로 가능성을 예측하기 위한 "상태"를 표현하는 종 모양 차트다). 그러면 HMM 시스템은 한 특정 음소가 다른 음소에 뒤따를 확률을 계산한다.

음향 모델 외에도 일반적인 음성 인식 시스템은 발음과 언어 모델을 입력으로 사용한다. 발음 모델(lexicon이라고도 알려진)은 단순히 단어들을 주어진 언어의 일련의 음소로 매핑하는 사전이다. 다른 말로, 발음 모델은 (인식 가능한) 단어 리스트와 그들의 발음을 고려한 법칙을 포함한다. 이 모델은 일반적으로 특정 언어의 전문가에 의해 정의되고 그 언어의 다양한 발음 분화(예를 들어 미국 영어와 영국 영어와 같은)를 지원해야 한다.

반면에 언어 모델은 텍스트에서 일련의 단어가 발생할 확률을 표현한다. 인간이 만든 발음 모델과 다르게, 언어 모델은 대량의 텍스트나 말뭉치로 학습한다. 한 예시로 구글 북스 Ngram은 약 8백만권의 데이터를 포함하는데 현재까지 출판된 모든 책의 6%에 해당한다[72]. 언어 모델은 시스템이 자주 사용되지 않는 단어나 문구보다 빈번하게 사용되는 것을 선호하게 할 수 있다. 이는 어떤 단어들이 동일한 소리로 표현될 때 유용하게 쓰인다.

마지막으로 음향, 발음 그리고 언어 모델은 하나의 거대한 HMM으로 합쳐져서, 음성 입력에 대한 가장 가능성 높은 단어 배열을 생성한다. 디코딩이라고도 알려진 이 과정은 기본적으로 확률이 가장 높은 HMM의 경로를 찾는 것이다. 가능한 경로의 수가 순수하게 많기 때문에 그런 모든 경로를 열거하는 단순한 접근법으로는 계산 비용이 너무 "비싸고" 큰 작업일 것이다. 대신, Viterbi 알고리즘[73]과 같은 더 효율적인 디코딩 알고리즘이 주로 쓰인다.

상기의 자동 음성 인식 접근법은 통계적 ASR로 알려져 있고 수십년 동안 지배적인 방법이었다. 하지만 2010년쯤부터 딥러닝을 활용한 새로운 방법이 전통적인 GMM-HMM 방법을 압도하며 최고 수준의 기술이 됐다. 기본적으로 두 가지 패러다임이 딥러닝을 활용한 ASR에 적용되는데, 하이브리드 방법과 엔드 투 엔드 방법이다.

하이브리드 방법에서 딥러닝은 기존의 (통계적)방법을 대체하거나 결합돼 사용된다. 예를 들어, DNN-HMM 하이브리드 방법은 상기 언급된 HMM 기반의 음향 모델링에서 심층신경망을 GMM 대신 사용해서 음소 인식을 수행한다.

반면에 엔드 투 엔드 방법은 딥러닝을 전체 과정에 사용한다. 입력으로 주어지는 파형은 특징 추출이나 음향 모델링과 같은 중간 과정 없이 곧바로 단어로 변환한다. 엔드 투 엔드 ASR 과정은 전통적인 방법이나 하이브리드 방법보다 훨씬 단순하고, 도메인 전문가 없이 디자인이 가능하다. 하지만 이 방법은 다른 방법에 비해 훨씬 더 많은 학습 데이터와 컴퓨팅 자원을 필요로 한다.

사용자 행동 예측

과거 데이터에서 학습한 패턴을 기반으로 미래의 행동을 예측하는 것은 의심의 여지 없이 가장 일반적인 AI 애플리케이션 방법이다. 비록 일반적으로 인간의 행동은 예측 불가능할지라도, 여전히 일상 생활에서 특정한 행동 패턴을 보이거나 반복적인 업무를 수행하는 경향이 있다. 이는 매일 집을 떠나 직장으로 가는 시간이나, 출퇴근 경로, 좋아하는 라디오나 팟캐스트를 듣는 시간 등을 포함할 수 있다. 만약 AI가 이 모든 패턴을 인식하고 자동으로 이런 반복적인 작업을 적절한 상황과 시간에 수행할 수 있도록 도와준다면 어떨까? 사실 이 시나리오는 AI로 작동하는 인포테인먼트 시스템에서 곧 현실이 될 수 있다.

최근 독일의 자동차 제조업체 다임러Daimler에서 그들의 MBUX Mercedes-Benz Infotainment systems에 과거 사용자 행동에 기반한 개인화된 제안을 제공하는 사용자 행동 예측 기능을 소개했다. 예를 들어 운전자가 하루의 특정 시간에 주기적으로 통화를 한다면, 그 시간에 특정 전화번호가 제안될 것이다. 혹은 매일 어떤 라디오를 듣는다면, 디스플레이에 해당 라디오가 그 시간에 제안될 것이다[74].

상기의 사용자 행동 예측 시나리오에서 AI 시스템은 과거부터 지금까지의 사용자의 행동에 기반해 지속적으로 예측을 개선해 나간다. 학습 과정에 더 많은 데이터를 쓸 수 있다면, 일반적으로 더 좋은 예측이 가능하다. 사용자 행동 예측과 관련성 깊은 주제는 사용자 개인화다. 시스템은 특정한 사용자의 행동이나 사건의 누적 기록을 학습하기 때문에, 결과적으로 예측이나 제안 또한 해당 사용자에게 개인화된다.

또한 차 밖의 일상 속에서도 AI 기반 예측을 어디서나 볼 수 있다. 온라인으로 쇼핑할 때 추천 상품 목록 또한 과거 구매 기록에 기반해 흥미를 끈다. 온라인 뉴스 포털이나 소셜 미디어 앱에서 뉴스 피드를 받을 때도 지난 인터넷 검색 활동이나 개인의 선호도에 기반한다. 또한 가장 좋아하는 온라인 영화 구독은 관람 이력을 바탕으로 관심 있을 만한 다른 영화를 추천할 수 있다.

이는 모두 추천 시스템 덕분이다. 추천자 시스템 혹은 추천 엔진이라고도 불린다. 추천 시스템은 AI의 하위 분야로 과거 구매 이력, 결정, 선호도 등의 정보에 기반해 사용자에게 제품, 행동 등을 추천하는 것이다.

구현하는 방법에 따라 추천 시스템은 크게 네 가지 주요 분류로 나눌 수 있다. 각각 협업 필터링, 콘텐츠 기반 필터링, 지식 기반 방법과 하이브리드 방법이다. 이 방법들을 간단하게 살펴보자.

협업 필터링 방법은 유사한 프로필이나 선호도를 공유하는 사용자들의 누적된 정보에 기초한다. 만약 다수의 유사한 사용자가 특정 아이템을 높게 평가했다면, 현재 사용자가 같은 아이템을 비슷하게 흥미롭게 생각하거나 관련 있다고 생각할 수 있다.

협업 필터링 방식의 추천은 아이템 자체의 지식 없이 생성된다는 점을 유의하자. 반면에 콘텐츠 기반 필터링 방법은 사용자들이 선호하는 아이템 자체의 본질적인 속성이나 공통되는 특징을 식별한다. 그리고 동일한 특징을 공유하는 다른 아이템의 추천을 생성한다. 예를 들어, 사용자가 SF영화를 좋아하고 "스타워즈" 영화가 이 분류에 속하는 것을 알 때, 사용자는 이 영화 또한 좋아할 가능성이 있다.

협업 필터링과 콘텐츠 기반 필터링 모두 유의미한 추론을 만들기 위해선 충분히 많은 양의 데이터가 필요하다. 새로운 사용자나 아이템이 소개되는 경우 이런 시스템은 충분한 데이터가 모일 때까지 좋지 못한 성능을 보여준다. 이를 "램프업 문제" 또는 "콜드 스타트" 문제라 한다. 반대로 지식 기반 방법은 현재 사용자가 지정한 명시적인 요구 사항 혹은 제한에 기반해 이 기준에 맞는 추천을 생성한다. 간단히 말해서, 사용자가 $100를 최대 예산으로 설정했다면 유사한 선호도를 가진 다른 사용자가 얼마나 긍정적으로 생각하는지(협업 필터링 방법) 또 해당 아이템이 사용자의 선호와 얼마나 일치하는지(콘텐츠 기반 필터링 방법)와 관계없이 $100를 초과하는 아이템은 사용자에게 추천하지 않는다. 이 방법은 좋아 보이지만 단점도 있다. 지식 기반 추천 시스템은 일반적으로 "지식 습득 병목"으로 알려진 문제를 겪는다. 이 문제를 간단하게 설명하자면, 시스템의 성능은 (전문

가로부터) 얼마나 지식을 잘 습득하고 이를 시스템의 지식으로 표현하는지에 좌우된다. 그리고 이 과정은 길고 어렵고 오류가 발생하기 쉽다[75]. 예를 들어, 전자상거래 추천 시스템은 어떤 제품이 '자동차' 아이템에 속하는지의 내부지식이 필요한데 이는 차량 모델과 제조자의 관계, 각 모델의 특성(문의 수, 차체의 타입 등)을 포함하고, 사용자가 스포츠카를 찾고 있을 때 폭스바겐 골프 대신 포르셰 911을 추천할 수 있을 만큼 "지능적"이어야 한다.

하이브리드 방법은 단순히 두 개나 그 이상의 방법을 조합해 각각의 장점을 취하고 단점을 극복하는 것을 목표로 한다. 몇 가지 일반적인 "하이브리드화" 방법은 가중치, 계단식, 그리고 특징 증강 방법을 포함한다. 가중치 방법은 각 개별적인 추천 시스템의 점수를 더해 추천하는 아이템의 점수를 계산한다. 계단식 방법은 확률과 사용자 특화된 요인에 따라 순위가 매겨진 순서대로 수행하는데, 상위 순서에서 나온 결과는 파이프라인 상의 다음 단계에 의해 정제된다[76]. 특징 증강 방법은 계단식 방법과 비슷한데 두 가지 이상의 추천 시스템이 순서대로 수행된다. 하지만 특징 증강 방법에서 이전 추천 시스템의 출력은 다음 방법의 입력으로 계단식 방법과 차이를 보인다.

인포테인먼트 시스템에서 사용자 행동 예측이 유용하기 위해선, 적용된 추천 시스템 또한 문맥을 파악할 수 있어야 한다. 구어 또는 문어로서, 문맥(일반적으로 주변단어로 정의할 수 있다)은 단어의 의미를 더 잘 이해할 수 있도록 돕는다. 추천 시스템의 경우 문맥은 연계된 모든 정보, 즉 시간, 위치, 혹은 날씨까지 포함한 사용자에게 더 좋은 추천을 하기 위한 모든 정보다. 절의 시작에서 언급된 자동 전화번호 추천의 경우 실제로 사용되는 문맥을 인지하는 추천 시스템 중 하나다. 그러나 문맥을 추가하는 것은 시스템 모델의 차원과 공간을 늘리는 것이다. 다른 말로, 시스템이 더 크고 복잡해지는 만큼, 잘 작동하기 위해 학습하는 것은 그만큼 더 많은 데이터를 "채워넣어야" 하는 것이다.

모든 AI의 하위 분야와 마찬가지로 딥러닝 또한 추천 시스템을 개선하는 데 있어 점점 더 중요한 역할을 수행한다. 이미지 인식 분야에서 딥러닝이 인위적인 특징(시스템에 입력되는 사람에 의해 정의된 개체의 속성)보다 개체의 본질을 더 잘 포착하는 것을 볼 수 있었다. 이는 딥러닝이 추천 시스템을 다음 단계로 끌어올리기에 촉망받는 접근 방법으로, 더 좋은 추천과 사용자 행동 예측을 위한 사용자와 아이템 사이의 숨겨진 관계성과 문맥의 모든 정보를 효율적으로 알아낼 수 있을 것이다.

MLP부터 CNN, 어텐션[Attention] 모델, DRL에 이르기까지 다양한 딥러닝에 기반한 추천 시스템들이 여러 문헌에서 연구됐다. 이 모든 방법에 대한 깊은 논의는 이 책의 범위를 벗어나기에, 이에 관심이 있는 독자라면 Zhang 연구진[78]의 이런 시스템에 대한 조사를 참조할 수 있을 것이다.

사용자 행동 예측과 모든 AI기반 개인 추천은 사용자가 이를 편리하고 관계 있는 것이라 여길 때 차량 어플리케이션의 편리함, 사용성, 사용자 경험 등을 증진할 것이다. 이 관점에서 볼 때, 이는 운전자에게 불필요한 정보를 필터링하고 보다 적은 사용자 조작으로 주의 분산을 줄일 수 있어서 안전성을 개선할 수 있다. 하지만 반대의 결과도 일어날 수 있다. 잘못된 추천이나 예측은 도움이 되기보다 거슬리거나 불필요한 주의 분산으로 이어질 수도 있다.

또 다른 잠재적인 문제점은 추천 시스템은 사용자의 습관과 동작을 여러 문맥에서 관찰해 학습한다는 사실이다. 시스템이 개인의 선호, 활동 시간, 위치 기록 및 기타 민감한 정보에 대한 데이터를 수집해야 예측을 개선해 나갈 수 있기 때문에 이는 개인 정보 문제를 야기할 수 있다. 알고리즘의 종류, 데이터의 양, 온보드 컴퓨터의 성능과 다른 조건에 따라 수집된 개인 정보는 효율적으로 처리되기 위해 차량을 "떠나" 자동차 제조업체의 백엔드 서버로 전달될 수 있다. 동시에 다양한 제조업체들의 보안 구조, IT 인프라, 사이버 안전 능력, 데이터 익명화 등 많은 요인에 따라 데이터 보호의 수준은 달라질 수 있다.

요약

이 장에서 자동차를 기이하고 비싼 말이 없는 마차에서 기술적으로 복잡한 여러 보조 기능을 갖춘 일반 소비자 품목으로 변화시킨 과정에서 AI가 얼마나 중요한지 살펴봤다. 이러한 기능 중 상당수가 차량 내부의 정보 및 엔터테인먼트 시스템과 연동된다는 사실은 전체적인 운전 경험의 쾌적함을 조성하는 것의 중요성이 커지고 있음을 시사한다.

AI 주도의 제스처 제어가 편리함에 더해 얼마나 안전에 기여하는지 확인했다. 제스처 제어 과정은 카메라, NIR-LED, 레이더를 통한 감지로 시작해서 추적(감지가 불가능 할 때의 공백을 채우면서), 식별(특정 제스처의 의미일 가능성을 계산)을 거친 후 원하는 작업을 수행하도록 HMI에 신호를 보낸다.

또한 음성 제어가 운전자의 시선을 도로에 고정해 제스처 제어와 비슷하게 안전과 편안함을 개선하는 것을 봤다. 음성제어를 가능케 하는 음성 처리 기술의 몇 가지 특징, 특히 음성 인식과 합성을 살펴봤다. 마지막으로, AI가 행동의 패턴(주기적으로 통화를 하거나 라디오를 듣는 것)을 인식해 반복적인 작업을 잊지 않게 도와주는 것을 봤다. 이를 위한 추천 시스템은 사람 기반(협업 기반, 다른 사용자의 프로필과 선호도 비교), 일반 선호도 지향(콘텐츠 기반, 어떤 것을 사용자가 좋아하는지?), 사용자 요구 지향(지식 기반 방법)

또는 이들을 조합하는 몇 가지 하이브리드 기법을 사용한다. 딥러닝이 그렇듯, 문맥 인식 또한 AI 방정식에 작용한다. 특히 개인 취미와 같은 데이터가 외부 서버에서 처리되는 경우엔, 개인정보 보호 문제도 발생할 수 있다.

CHAPTER 4

연구 개발을 위한 AI

전통적으로 자동차 산업은 신제품 판매 시점에 고객에게 가치
를 제공한다. 새로 판매된 차량은 고객이 수령한 당일에 기술과
가치가 최고에 달하며, 그 순간부터 가치는 점점 떨어진다. 이
러한 가치 감소의 이유 중 하나는 기술이 계속 발전하고 진화하
며 해당 차량의 일부를 덜 가치 있게 만들거나 심지어는 쓸모없
게 만들어 버리기 때문이다. 최근까지 자동차 제조사는 AEB,
LKA, ACC와 같은 새로운 기능을 개발하고 나면 일련의 검증
및 유효성 검사 작업을 수행해 차량이 출고될 때 최고의 성능
을 보장할 수 있도록 했다. 이러한 접근법은 해당 기능이 정해
진 개발 수준에 머물러 있고 더 이상 개선되지 않을 것임을 의미

한다. 그러나 자동차 산업의 현재 추세는 OTA^{Over The Air}[79] 업데이트가 가능하게 하는 것인데, 이는 컴퓨터와 휴대폰이 운영체제 및 애플리케이션을 새로운 기능과 강화된 보안을 갖춘 최신 버전으로 업그레이드하는 방식과 유사하며 고객 만족도를 높이기도 한다. 이러한 종류의 접근법을 통해 제조사는 기능을 업그레이드할 수 있으며 차량을 물리적으로 리콜할 필요 없이 소프트웨어 문제를 고치거나 해결할 수 있다. 불완전한 소프트웨어는 수백만 대의 차량에 영향을 미칠 수도 있기 때문에 이 방식을 통해 막대한 비용을 절감할 수 있다.

이처럼 소프트웨어가 기술의 핵심에 있는 방식을 소프트웨어 정의 접근법[80]이라 부른다. 이는 SW(소프트웨어)가 충분히 유능한 플랫폼상에서 실행되고 있음을 의미한다. 다시 말하면, 시간이 지남에 따라 새로운 기능과 업그레이드를 할당할 수 있는 컴퓨터가 뒷받침된다는 의미다. 이러한 접근법은 판매 시점 이후 오랫동안 가치를 유지하기 위한 핵심이며, 그 가치는 근본적으로 AI를 활용할 때 나타난다.

이전 장에서는 AI가 지능형 운전석^{Intelligent Cockpit}과 인포테인먼트 기능(예: 음성 비서)을 사용해 ADAS^{Advanced Driver Assistance Systems}, AD^{Autonomous Driving}, 차내 경험을 어떻게 혁신하는지 살펴봤다. 자동차 산업은 차량 자체 내에서뿐만 아니라 많은 애플리케이션까지도 확장돼 AI의 혜택을 받고 있는데, 이는 조직 차원에서 생각의 근본적인 발전을 나타낸다[81]. 모빌리티 서비스를 제공하고, 고객 경험을 개선하고, 공급망 및 생산 프로세스를 최적화하고, 신제품의 엔지니어링 및 R&D를 개선하는 등 AI는 거의 모든 영역에 적용 가능하며 아직 정의되지 않은 소비자와 파트너 요구사항을 충족하기 위한 이루 말할 수 없는 기회로 이끌 수도 있다. 결국 오늘날에는 AI 주도적인 조직을 향한 문화적 변화에 대해 이야기하고 있다[82].

AI를 구현 가능하고 대규모로 배포할 수 있는 능력은 자동차 산업에서 핵심 가치 차별화 요소다. AI는 데이터를 처리하고 이해하는 새로운 근본적 방법으로서 여러 가지 영역에서 많은 새로운 가능성을 열어주지만, 도로상의 차량에 적용된 AI를 논할 때는 이를 성공시키는 데 필요한 규모 산정이 특히 중요하다. 예를 들면, 날마다 늘어나는 차량을 학습한 후 나중에 모든 차량의 소프트웨어를 업데이트하는 데 필요한 인프라 규모를 생각해보자. 이는 지속적으로 데이터를 생성하는 모든 수천 대의 차량과 거대한 양의 주행 거리를 다뤄야 할 수도 있다[83]. 규모 산정은 배포할 툴과 인프라에 중요한 영향을 미치는데, 이를 통해 관련 데이터의 양을 적절하게 관리, 분석, 이해할 수 있도록 함으로써 자동차 제조사가 혁신과 경쟁력의 최전선에 서도록 해야 한다. 이러한 이유로 자동차 산업에는 데이터 과학에 대한 전문 지식을 갖춘, 즉 고객, 시장, 인터넷에서 지속적으로 생성되는 방대한 데이터를 최대한 활용하기 위해 새로운 AI 방식을 구현할 수 있는 팀이 필요하다. 산업계에는 데이터 과학자의 작업을 지원하는 툴을 개발 및 구현할 수 있는 전문 팀, 그리고 소규모의 POC Proof Of Concept 부터 대량 생산을 위한 대용량 데이터로 확장할 수 있는 준비된 인프라가 필요하다. 더 많은 양의 데이터는 더 똑똑한 알고리즘뿐만 아니라 더 많은 컴퓨팅 파워, 더 큰 데이터 스토리지, 더 강력한 데이터 센터 및 혁신적인 데이터 관리 툴, 수행 중인 개발이 올바른 방향으로 진행되고 있는지 신속하게 평가하기 위해 성능을 측정하는 보다 정교한 방법을 필요로 한다.

이제는 더 이상 인간이 수작업하는 인간 정의 소프트웨어가 아니라 기계 정의 소프트웨어와 자동화된 데이터 기반 기능 선택이라 볼 수 있다. 하드웨어에 중점을 둔 이전 세대의 시스템과 달리 이는 소프트웨어 정의 시스템이다. 데이터는 엄청난 가치가 있다. 심지어 적절하게 이해하고 더 많은 의미를 부여해 해당 데이터가 실제로 의미하는 바에 대한 가치 있는 통찰력을 제공하는 속성으로 레이블링된다면 더욱 가치가 높아진다. 이것은 가치 있는 데이터를 얻기 위해 관련 있는 데이터 선택, 데이터 수집 중에 사전 태그 지정, 자동 및 반자동 레이블링 툴 등의 똑똑하고 잘 짜인 솔루션이 필요함을 의미한다.

데이터 수집은 필수적인 요소다. 제한된 양의 데이터는 일종의 실명을 의미하므로 향후 개선을 위한 능력이 감소한다. 데이터는 핵심이며, 이를 획득하는 프로세스는 매우 비싸고 대단히 중요하다. 시뮬레이션을 통해 데이터를 얻는 데 중점을 둔 대규모 연구 개발이 있다. 이를 수행하려면 처리할 데이터에 대한 적절한 이해와 정확한 모델링이 필요한데, AI와 ML은 두 가지에서 모두 이점을 제공할 수 있다. 또 다른 핵심 요소는 ML/AI 알고리즘을 검증하고 유효성 검사 시험을 하는 방법이다. 특히 안전이 필수적인 상황에서 이러한 알고리즘을 현장에 배포해야 할 때 그렇다. 이러한 검증 및 유효성 검사는 보통 어마어마한 양의 데이터를 사용해 수행한다[83].

다음 페이지에서는 소프트웨어 정의 접근법에서 데이터로부터 코드를 이끌어내는 방법의 몇 가지 예를 제공할 것이다. 시뮬레이션이 가치 있는 데이터를 어떻게 활용할 수 있는지 살펴보고 그 합성 데이터를 통해 시험을 보완할 수 있는 방법을 다룰 것이다.

자동화 규칙 생성

오늘날에는 일반적으로 프로그래머가 백지 상태부터 코드 작성을 시작하지 않는다. 다른 프로그래머가 생성한 재사용 및 활용할 수 있는 빌딩 블록이 이미 많이 있다. 엔지니어가 차세대 차량 설계에서 사용할 수 있도록 세부 사양과 함께 제공되는 이미 존재하는 다양한 구성 요소와 부품을 활용해 차량을 만드는 것과 유사하게, 소프트웨어 프로그래머도 포괄적인 API Application Programming Interface와 애플리케이션 노트를 통해 기존 소프트웨어의 일부를 활용 가능한 소위 라이브러리라고 하는 것을 사용할 수 있다.

프로그래머는 때때로 동일한 코드 일부를 재사용하면서 동일한 작업을 반복하는데, 이와 같이 새로운 소프트웨어의 일부를 스크립팅함으로써 더욱 발전시킬 수 있다. 이런 의미에서 프로그래머는 이미 존재하는 코드 일부를 이해하고 변환해 상상할 수 있는 다른 소프트웨어 코드를 작성한다. 이는 프로그래머가 더 이상 필요하지 않다거나 실제로 코드 자체만으로 모든 종류의 소프트웨어를 생성할 수 있다는 것을 의미하지는 않는다. 현재 인간 프로그래머와 동일한 방식으로 문제를 해결하기 위한 알고리즘과 코드를 작성할 수 있는 AI는 없다. 오늘날의 AI는 코드 내의 실수를 예측할 수 있고 패턴을 학습할 수 있고 그림 내에서 개체를 탐지하거나 무언가를 추천하도록 학습될 수 있지만, 인간처럼 생각하고 추론할 수는 없다.

인간이 손으로 작성한 알고리즘의 특징과 AI가 학습한 규칙 간의 차이를 설명하기 위해 TSR Traffic Sign Recognition 시스템의 예를 들어보자. 이러한 맥락에서 "특징feature"이라는 단어는 탐지 및 분류하고자 하는 개체를 묘사하는 모양, 색상, 일종의 패턴을 지칭한다. 교통 표지판 인식 시스템 속에 있는 알고리즘은 이러한 특징을 찾고, 개체가 교통 표지판일 가능성을 계산하고, 그 교통 표지판이 속한 클래스를 할당한다.

이 예에서는 인간의 눈과 인간의 논리를 통해 모양을 관찰하는 교통 표지판 인식 시스템을 설계할 수 있다. 속도 제한이나 금지는 원형, 경고는 삼각형, 고속도로나 도시 진입은 직사각형이다(유럽 기준). 이미지 내에서 교통 표지판을 찾는 첫 번째 단계는 해당 모양 중 하나를 포함할 확률이 높은 ROI Regions of Interest를 찾는 것으로 구성할 수 있다. 인간으로서 사용할 수 있는 또 다른 직관적인 신호는 색상이다. 빨간색은 속도 제한, 흰색은 제한 종료, 파란색은 권장, 노란색은 공사 구역을 나타낸다(이러한 색상 할당은 하나의 예다. 색상은 국가마다 의미가 다름에 주의하자). 또한 "제한 종료End of limitation"를 나타내는 교통 표지판을 가로지르는 대각선 줄무늬를 찾거나 "진입 금지Do not enter"를 나타내는 빨간색 원형 표지판 안의 좁고 가로로 긴 흰색 직사각형을 찾을 수도 있다. 속도 제한 표지판 내에서 숫자를 식별하는 것이 있을 수 있다. 이 경우에는 숫자를 인식하는 데 도움이 되는 특정 패턴을 정의할 수 있다. 이러한 모든 특징(모양, 색상, 패턴)은 이를 탐지 및 분류하는 알고리즘을 만드는 데 도움을 주기 위해 인간의 직관에 의해 각 교통 표지판의 가장 독특한 점이 무엇인지 선택된다. 대부분의 특징은 소위 HOG Histogram of Oriented Gradient, Haar-like 특징(개체 인식에 사용되는 디지털 이미지 특징), 가장자리나 모서리와 같은 저수준의 특징 집합 중 하나에 속한다. 이러한 종류의 접근법에서의 가장 큰 한계는 해당 특징을 인식하는 것이 특정 교통 표지판을 가장 잘 설명하기 위한 기준이라는 것을 보장할 수 없다는 점이다.

인간이 직접 만든 특징 집합은 인간이 정의한 특정 순서의 규칙에 따라 구성될 수 있다. 이러한 순서는 의사결정 트리로 상상해볼 수 있다. 먼저, 특정 모양을 포함하는 ROI를 찾은 다음 분기한다. 예를 들면 최대 속도 제한, 제한 종료, 최소 속도 제한이 색상으로 구분된 원을 찾은 다음 그 원 안의 숫자에 대해 더 분기하는 것이다. 이러한 접근법은 인간의 관점에서 볼 때는 논리적으로 보이지만 최선의 방법은 아닐 수도 있다. 30km/h의 최대 속도 제한을 인식하기 위해 알고리즘은 앞에서 정의한 대로 원, 빨간색, 최대 속도 제한을 검토하고 최종적으로 30에 대한 분류기를 거치게 된다. 그러나 먼저 색상을 분류하고 나서 모양을 검토할 필요 없이 곧바로 숫자로 넘어가는 것이 더 좋은 선택이었을 수도 있다. 알고리즘 개발자마다 제각각의 특징을 수작업으로 정의하고 이를 결합하는 다양한 방법을 생각해 내겠지만, 아무도 가장 최적의 솔루션을 찾지 못할 수도 있다.

이와 달리 AI는 학습 데이터를 기반으로 가장 관련 있는 특징을 학습하고 가중치를 부여한다. 중간에 여러 개의 은닉층을 가진 신경망을 상상해보자. 컨볼루션 신경망이 특정 분류를 위해 가장 유용한 특징을 찾는 작업은 은닉층에서 수행한다. 교통 표지판 인식의 경우에는 교통 표지판을 분류하기 위한 최적의 특징을 검색할 것이다. 인간도 이해 가능한 의사결정 트리와 같은 인간의 규칙과는 달리, 자동으로 생성된 규칙은 인간의 관점에서 이해할 수 없는 신경망 모델, 특히 신경망 구성과 가중치 부여 대상을 나타낸다. 특징 인식을 자동으로 학습하는 것은 학습된 특징을 가지고 하는 특정 작업에 있어 매우 효과적이다. 특징을 수동으로 선택하는 접근법보다 성능이 뛰어나다. 그러나 이렇게 학습되고 인식된 특징은 주로 특정 작업에 적합하다. 다시 말하면, 다른 문제를 해결하기 위해 일반화되지 않는다. 또한, 이러한 접근법은 많은 양의 학습 데이터를 필요로 하며 해당 데이터는 각 특정 작업에 적합한 품질을 가져야 한다. 사전 학습된 모델의 재사용이 가능하도록 데이터 활용을 시도하는 전이 학습 프로세스는 이러한 경우에 때때로 도움이 될 수 있다. 전이 학습은 새로운 작업 시 특정 데이터를 추가로 가져옴으로써 새로운 클래스를 탐지 및 분류하는 모델의 기능 확장 역시 시도한다.

각기 다른 데이터 샘플은 서로 다른 결과를 나타낼 수 있는 데, 이는 특히 안전이 필수적인 애플리케이션에서 변경하지 않은 입력값으로부터 동일한 출력값을 일관적으로 생성해야 하는 AI 알고리즘의 능력에 대한 지속적인 논쟁으로 이어진다. 개발자는 학습 시 선택되는 특징을 제어할 수 없다. 따라서 시험을 통한 유효성 검사는 AI 알고리즘의 안정적이고 견고한 수행을 보장하기 위한 핵심이다. 다음 절에서는 몇 가지 유효성 검사 방법을 다룰 것이다.

가상 시험 플랫폼

앞에서는 소프트웨어가 어떻게 자동차 산업의 초석이 되고 있는지 설명했다. 알고리즘이 데이터로부터 자동으로 추출된 규칙을 생성하는 정교하고 복잡한 AI 기반 소프트웨어에 대해 이야기했다. 증가하는 소프트웨어 및 알고리즘 복잡도로 인해, 소프트웨어 시험 방식에는 특정 알고리즘의 벤치마킹뿐만 아니라 차량 내 서로 다른 시스템 간의 상호운용성과 전체 기능을 시험하기 위한 더욱 높은 요구사항이 도입된다. AI는 자동화된 테스트 케이스 생성, 더 빠른 출시일, 더 정확하고 효율적인 시험이 가능하도록 해서 이러한 시험 역량을 높이는 데 중요한 역할을 할 것이다[84]. 한 예로, 문제 상황이 있는 시험 시나리오를 식별하기 위한 "적대적adversarial" 접근법이 ADAS/AD 알고리즘의 시험에 제안됐다[85]. 여기서 "적대적adversarial"이라는 용어는 서로를 학습시키는 두 개의 경쟁하는 신경망(두 명의 "적대자adversaries")이 있다는 아이디어를 나타낸다. 첫 번째 신경망은 취약한 도로 이용자를 탐지하는 것과 같이 당면한 작업을 수행하는 것을 목적으로 하고, 두 번째 신경망은 "속임수fool"를 시도해 첫 번째 신경망을 시험한다. 예를 들면, 실제 보행자는 아니지만 실제 보행자처럼 보이는 합성 데이터 샘플을 생성한다.

수작업으로 만든 규칙 대 AI가 학습한 규칙에 대해 이야기했던 것과 유사하게, 수동으로 정의해 인간이 자동화한 시험 대 AI로 작성해서 최적화한 시험에 대해서도 살펴볼 수 있다. 특히 적합한 적용 범위를 고려하고자 하는 경우(즉, 가능한 모든 조건을 다루고자 하는 경우)에는 수작업 시험에 많은 시간이 필요하며, 소프트웨어는 지속적으로 발전하고 있기에 필요 시간이 점점 더 증가하는 추세를 보인다. 이렇게 지속적으로 변화하는 소프트웨어는 빠르고 확장 가능한 시험 플랫폼을 필요로 하지만, 여기에는 엔지니어링 시간과 컴퓨터 성능, 즉 큰 투자가 필요하다. 한 번에 한 줄씩 리뷰하려면 며칠 또는 몇 주가 소요될 수도 있으며, 이는 새로운 데이터가 지속적으로 생성돼 매일 새로운 소프트웨어가 작성되는 오늘날의 세상과는 맞지 않는 일이다.

프로젝트의 초기 단계에서는 최초 코드의 일부분이 개발되는 대로 시험해보고 싶을 수도 있다. 즉, 각각의 새로운 코드 블록에 대해 개별 시험을 수행한다는 의미다. 이는 새로운 소프트웨어 블록의 생성과 동시에 시험을 진행해야 한다는 규정이 있다면 충분히 가능한 것처럼 들릴 수 있으나, 시간이 지남에 따라 지속할 수 없게 된다. 새로운 코드는 기존 코드와 상호작용하기 때문에 시험 복잡도가 증가해 어느 시점부터는 더 이상 확장 불가능해진다. 이 이야기의 교훈은 코드 개발과 나란히 발전할 수 있는 시험 역량이 필요하다는 것이다.

실제로 좋은 시험 수행 전략은 미션 크리티컬하며, 기능 수준에서의 시험(일반적으로 단위 시험이라 함)뿐만 아니라 통합 시험, 시스템 시험, 인수 시험을 모두 포함한다[12]. 기능 수준에서 시험할 때는 자체적으로 수행하도록 프로그래밍된 작업을 특정 소프트웨어가 정확히 수행하는지 확인하고자 한다. 예를 들면, 소프트웨어 블록이 두 정수 값의 합을 계산하는 경우에 단위 시험은 합산을 올바르게 수행하는지도 확인하지만 경계 조건(예: 입력이 정수가 아니면 시스템 파라미터를 초과하기 때문에 거짓)과 잘못된 조건(예: 프로그래밍 실수) 역시 확인한다. 통합 시험에서는 서로 연결된 모든 구성요소의 동작을 시험한다. 예를 들어, 소프트웨어 블록 간의 인터페이스가 함께 동작하려면 동일한 언어를 사용해야 한다. 시스템 수준에서는 소프트웨어를 차량 내의 다른 시스템과 함께 시험해야 하며, 전체 패키지가 예상되는 모든 유스 케이스상에서 동작 가능한 것을 목표로 해야 한다. 시스템 수준 시험은 메모리나 컴퓨팅 과부하를 유발할 수 있는 특이 상황 및 스트레스 상황 평가도 포함한다. 마지막으로, 자동차 업계에서 인수 시험은 다양한 지형, 날씨, 극한 기후 조건에서의 시험 주행을 통해 수행한다.

시험은 새로운 소프트웨어 블록뿐만 아니라 기존 소프트웨어의 유지보수 가능성 및 상호작용에 대해서도 매우 중요하다. 소프트웨어 모듈은 예정된 상호작용 또는 일부 의도하지 않은 동작으로 인해 서로 간섭할 수가 있다. 후자는 다른 소프트웨어 일부가 동일한 리소스를 공유할 때 해당 리소스가 각 특정 프로세스(예: 컴퓨팅 파워, 메모리 대역폭)에 적절하게 할당되지 않음으로 인해 발생할 수 있다. 또한, 버그가 있는 소프트웨어 또는 다른 소프트웨어 모듈 간의 API나 인터페이스를 잘못 사용해 발생할 수도 있으며, 새로 업데이트된 소프트웨어가 이전 소프트웨어와 공존하는 경우에 일부 소프트웨어 또는 해당 인터페이스가 개선됐거나 더 이상 사용되지 않을 때(근본적으로 쓸모가 없어짐) 발생할 수도 있다. 이 예시가 모든 오류 발생 상황을 하나도 빠짐없이 나열한 것은 아니지만, 오류(때로는 치명적인 오류)를 식별하고 격리하고 궁극적으로 수정하는 것을 상당히 복잡하게 만드는 다양한 원인으로부터 어떻게 발생 가능한지 잘 나타낸다.

의미있는 시험 수행 범위 산정과 충분한 회귀 시험 수행을 위해, 자동차 산업에서는 SIL^{Software In the Loop}과 HIL^{Hardware In the} ^{Loop} 검증 및 유효성 검사 방법을 시행한다. SIL은 대형 서버나 개발자 컴퓨터상에서 특정 소프트웨어 모듈의 의도된 기능 유효성을 검사하는 데 사용된다. 시험할 소프트웨어 모듈을 통해 사전 기록된 실제 데이터 및 합성 데이터를 실행해 그 출력을 평가한다. 만약 출력이 기대치와 일치한다면 소프트웨어 모듈이 완전히 동작하는 것으로 판명한다. 반면 HIL은 시스템 수준에서 시험하는 데 사용되며, 대상 플랫폼(차량에 설치할 최종 컴퓨터)을 사용해 소프트웨어를 평가한다. 대상 HW의 시험(즉, 차량 내에 탑재될 하드웨어 사용)을 통해 메모리, 리소스 할당, 실시간 비일관성 등의 잠재적 이슈를 식별 가능하다. 실시간 비일관성의 몇 가지 예를 들자면, 개발자의 데스크탑에서 잘 동작하는 소프트웨어 구성요소는 최종 임베디드 HW에서 런타임 요구사항을 충족하지 못할 수도 있다(즉, 너무 오래 걸릴 수 있음). 또는 센서 데이터가 넘어오는 속도가 최종 HW가 처리할 수 있는 속도보다 높을 수도 있다. HIL은 정확히 실제 차량 내부인 것 같은 벤치 환경(즉, 실제 필드는 아닌 환경)에서 시험하려는 시도다. 이는 실제 차량과 동일한 환경 상호작용 및 시스템 반응을 생성하기 위해 적시에 모든 입력 데이터를 에뮬레이션해야 하기 때문에 소규모 작업이 아니다. 다음 절에서 시뮬레이션과 AI를 더 자세히 설명할 것이므로 지금은 한 가지만 짚고 넘어갈 것이다. 충분히 상상할 수 있듯이, SIL과 HIL 시험 모두 적절한 인프라를 필요로 하며, 이는 대규모 투자가 필요함을 의미한다.

연결성은 "섀도잉shadowing" 또는 "섀도우 모드shadow mode"라 부르는 시험을 위한 또 다른 가능성을 제공하는데, 이는 도로에 있는 동안 차량 내부에서 직접 실행된다[86]. 섀도우 모드 시험에서는 차량 내의 컴퓨터가 사용자에게 노출된 기능을 실행하는 동시에 백그라운드에서 특정 기능을 실행하기 위한 충분한 능력을 갖춰야 한다. 이상적으로는 전체 소프트웨어 스택의 두 배를 실행할 수 있는 능력을 갖춘 차량을 생각해볼 수 있는데, 이는 차량을 운행 중인 실제 ADAS/AD 소프트웨어와 현재 시험 중인 해당 소프트웨어의 새 버전을 동시에 실행함을 의미한다. 그러나 실제로는 컴퓨팅 파워와 리소스가 동시에 두 배 분량의 소프트웨어를 실행하기에 충분하지 않을 수도 있다. 이러한 이유로, 섀도우 모드의 이점을 최적화하기 위한 전략을 선택하는 것이 필요하다. 예를 들면, 클라우드 내에서 더 무거운 후처리를 계산하는 동안 차량에서 데이터를 실행 및 캡처할 관련 SW 구성요소를 선정하는 것이다. 적재적소에 휴리스틱을 사용하면 특정 이벤트(예: 시험 중인 소프트웨어로부터의 출력을 드라이버 동작 및/또는 현재 "포그라운드foreground" 소프트웨어 출력과 비교한 이후)에 따라 온보드 데이터 로깅(데이터 기록)을 트리거할 수 있다. 이와 같은 접근법의 규모는 수용 능력에 따른 도로상의 차량 수에 맞게 증가하며, 이는 특이 상황을 식별하고, 개발 및 시험을 개선하고, 새롭게 향상된 기능의 출시일을 단축하는 강력한 자산이 된다.

사용자가 의식하고 편의를 얻을 수 있는 자동 비상 제동 기능의 예를 들어 보자. 이제 해당 기능의 새로운 소프트웨어 버전이 개발돼 추가 시험이 필요하다고 상상해보자. 섀도우 모드 접근법에서는 새로운 기능이 백그라운드에서 실행되고, 사용자는 심지어 해당 기능이 있는지도 모르며 기계식 제동 시스템과의 어떠한 상호작용도 발생하지 않을 것이다. 시험 중인 이 새로운 소프트웨어는 모든 센서 입력을 수신하고 그에 해당하는 분석을 실행해 특정 출력(예: 긴급 제동 액션)을 생성하지만 해당 액션은 적용되지 않을 것이다. 이러한 백그라운드 기능의 출력은 차량의 실제 AEB 버전이나 운전자의 현재 행동과의 비교를 통해 추가 분석된다. 이 비교는 새로운 기능에 대한 특정 시험 결과를 생성하고 예측하지 못한 상황을 식별하는 데 모두 유용하며, 해당 기능의 추가 개선 및 개발을 위한 매우 큰 가치를 제공한다. 대규모 섀도잉은 많은 양의 데이터를 생성하므로, AI가 데이터를 분석할 때뿐만 아니라 관련 정보를 얻기 위한 가장 좋은 시험이 무엇인지 선택할 때 확실히 도움을 줄 수 있도록 추가 데이터 분석이 필요하다.

합성 시나리오 생성

앞에서는 섀도잉, SIL, HIL을 이야기했는데, 이들 모두는 유용한 정보를 생성하기 위해 충분한 양의 데이터를 필요로 한다. 이번 절에서는 시험 및 개발을 위한 추가 데이터 수집 수단으로서 왜 시뮬레이션이 ADAS와 AD 분야의 핵심 요소가 되고 있는지 자세히 설명할 것이다.

자동차 업계에서 시뮬레이션은 공기역학, 재료 저항, 차량 역학 등을 모델링하는 데 널리 사용돼왔다. ADAS 및 AD 기술의 폭발적인 성장과 함께 최근 몇 년 동안 더욱 관련성이 높아졌다[87]. 이러한 맥락에서 시뮬레이션은 알고리즘 개발, 검증 및 유효성 검사라는 두 가지 주요 유스 케이스와 밀접해지고 있다. 개발자는 시뮬레이션을 통해 환경 및 교통 상황, 심지어는 다양한 일광량 및 기상 조건을 무작위로 완전하게 제어해 어마어마한 양의 시나리오를 생성할 수 있다. 이것은 개념적으로 현실감 있는 레이싱 비디오 게임과 유사하다. 장면은 컴퓨터 그래픽, 로봇 역학(적용되는 힘 관련), 운동학 모델(동작 관련)을 결합해 렌더링되며, 물리학의 법칙 내에서 가능한 현실적으로 만들고자 노력한다. ADAS/AD에 대한 시뮬레이션 분야의 예로는 CARLA, AirSim, Deepdrive와 같은 몇 가지 오픈 소스 시뮬레이터가 있다. 상용 솔루션도 몇 가지 언급하자면 ANSYS, dSPACE, PreScan, rFpro, Cognata, Metamoto, NVIDIA DRIVE Constellation 시뮬레이션 플랫폼 등이 있다[88].

ADAS/AD 시스템은 FUSA^FUnctional SAfety 및 SOTIF^Safety Of The Intended Function 요구사항을 달성하기 위해 폭넓은 검증 및 유효성 검사를 통과해야만 한다(더 자세한 내용은 6장의 "AI와 차량 안전" 참조). 이러한 요구사항은 시험 중인 시스템이 수백만 킬로미터 동안 동작하는 것으로 입증된 경우에만 충족될 수 있다. 이처럼 어마어마한 양의 데이터를 수집하는 것은 복잡하고 매우 비용이 많이 드는 작업으로, 오늘날에는 다양한 지형, 도로 유형, 기상 조건에 걸쳐 데이터를 수집하는 도로상에서 수 시간씩 수행된다. 이전 절에서 설명했듯이, 데이터 생성에 대한 한 가지 선택지는 차량 무리에 섀도우 모드 기능을 갖추게끔 하는 것이다. 이러한 특정 유스 케이스에서 섀도우 모드는 센서와 ECU를 포함한 일정 수준의 ADAS가 장착된 차량으로부터 관련 데이터를 수집하는 데 이미 사용되고 있다. 또 한 가지 선택지는 특정 기준을 충족했을 때 데이터 로깅을 트리거하는 것이다. 개발자에게 특정 지형, 특정 기상 조건, 특정 운행 시나리오 관련 데이터가 부족한 유스 케이스가 이에 해당한다. 섀도우 모드는 이러한 상황에 대한 센서 데이터를 로깅하고 차량의 온보드 스토리지에 저장한다. 차량이 집이나 일부 연결 지점에 도달하면 이 데이터를 업로드해 알고리즘 및 기능 개발자가 사용할 수 있도록 만든다.

그러나 수십만 킬로미터에 걸쳐 수집된 데이터가 있다 해도 거의 포착되지 않는 특정 상황과 시나리오(예: 도로 규정을 준수하지 않는 행위, 사고)가 있다. 똑똑한 ADAS/AD 알고리즘이 이러한 상황을 처리하도록 학습하기 위해서는 해당 시나리오가 꼭 필요하다. 시뮬레이션은 이러한 시나리오 관련 지식을 얻는 문제의 해답이다. 시뮬레이션을 통해 실제로 수백만 달러의 주행 비용을 절약할 수 있지만, 실제 데이터 내에서 쉽게 찾을 수 없는 관련 시나리오를 선택하는 과정을 최적화해야만 하기 때문에 사소한 작업도 아니다. 이를 수행하기 위해서는 FUSA 및 SOTIF 전체에 가장 긍정적인 영향을 미치는 시나리오를 생성하는 데 초점을 맞춰야만 한다. 예를 들면, 문헌 [89]는 AI의 도움으로 올바른 시나리오를 선택하는 방법에 대해 이야기한다.

이처럼 시뮬레이션은 지능형 모델을 학습하고 AD 알고리즘 학습을 지도하는 AI 개발자를 위한 강력한 툴이다. 이러한 맥락에서 AI 알고리즘은 시뮬레이션된 데이터를 사용해 개선할 수 있고, 시뮬레이션은 AI로부터 이점을 얻을 수 있다. 예를 들면, 시뮬레이션은 더 나은 센서 모델링, 현실적 렌더링[90], 현실에 더욱 가까운 물리적 상호작용을 가능하게 하는 알고리즘(즉, 시나리오 생성 단계에서 물리 모델의 파라미터화)을 통해 AI로부터 이점을 얻을 수 있다. AI 역시 차량 동적 모델(공간 내에서의 진행과 더불어 차량의 동작(롤, 피치, 요)을 묘사하는 방법)을 정확하게 정의해 보다 전형적인 교통 모델을 생성하는 데 있어 시뮬레이션 툴을 보조하는 가치 있는 지원 수단이다[91].

앞에서는 기록된 데이터를 사용해 분리된 SW 구성요소를 평가하는 SIL에 대해 이야기했다. 이러한 평가에서는 시뮬레이션된 데이터를 대신 재현해 수행할 수도 있다. 시뮬레이션된 데이터는 실제 데이터에 비해 한 가지 중요한 이점을 제공하는데, 처음부터 이미 레이블이 명확히 정의돼 있다는 것이다. 다시 말하면, 시뮬레이션 데이터는 인공적으로 생성되기 때문에 그 특징이 잘 알려져 있다. 따라서 실제 참값(직접 관찰을 통해 알 수 있는 것)을 알고 있으며, 특정 SW 구성요소의 핵심 성과 지표를 평가하는 데 직접 사용할 수 있다. 예를 들면, 시뮬레이터는 자아 차량(장면을 관찰 중인 차량)이라고 칭하는 것 주변의 다른 차량과 다양한 차로를 포함하는 고속도로 유스 케이스를 렌더링할 수 있다. 이 경우에는 다른 모든 에이전트의 기하학적 구조(모양, 상대적 크기), 상대 위치, 상대 속도를 알고 있으며, 차량 탐지기나 차로 탐지기 알고리즘으로부터 주어진 출력과 직접 비교할 수 있다.

그에 반해, HIL에 대해 생각해보면 시뮬레이션이 폐쇄 루프 유효성 검사를 가능하게 함으로써 한 가지 추가 이점을 제공한다. 이전 절에서 차량 내의 실제 시스템을 에뮬레이션하고자 시도하는 시험 수단을 언급하면서 HIL에 대해 이야기했던 것을 떠올려보자. 이는 정확히 동일한 컴퓨터, 센서 입력, 액추에이터 출력을 갖는 것을 나타낸다. 이러한 맥락에서 루프를 폐쇄한다는 것은 시스템에 특정 합성 입력을 제공하고 해당 시스템의 출력을 사용해 다음 합성 입력을 즉시 정의함으로써 실시간으로 시스템을 시험할 수 있다는 것을 의미한다. 플레이어가 장면을 관찰하고 차량에 조향, 가속, 제동 명령을 보내는 레이싱 비디오 게임을 상상해보자. 만약 플레이어를 시험하고자 하는 ADAS/AD 소프트웨어 스택으로 대체하면, 컴퓨터는 렌더링된 센서 입력(카메라, 레이더, 라이다)을 수신하고 ADAS/AD 알고리즘은 장면을 인지해 조향, 제동, 가속과 같은 액추에이터 제어 신호를 생성한다. 그러고 나면 이 신호는 시뮬레이터로 다시 전송돼 다음 센서 데이터를 계산하고 렌더링할 것이다. 따라서 운전자가 지속적으로 상황을 인지하고, 대응해 행동하고, 이러한 행동의 결과를 보고, 다시 반응하며 보통의 주행 상황에서 발생하는 것처럼 루프가 폐쇄된다.

시뮬레이션과 마찬가지로, 합성 시나리오 생성은 ADAS 검증 분야와 같은 자동차 산업에서 광범위하게 사용돼왔다. 합성 시나리오 생성은 일반적으로 특수 시뮬레이션 소프트웨어를 사용해 수행한다. 테스트 엔지니어는 시나리오(예: 차로 변경, 평행 주차)는 물론 도로 유형(예: 고속도로, 도시), 도로 표지판, 다른 도로 이용자 등을 포함한 가상 3D 세계를 모델링한다. 소프트웨어는 차량 내의 센서 모델과 위치뿐만 아니라 다른 필요한 신호(차량 속도, GPS 좌표 등)를 기반으로 원시 센서 데이터를 시뮬레이션해 시험 중인 ECU에 제공한다. 해당 ECU는 이러한 입력 데이터를 받아 실제 주행 조건 하에서 동작하는 실제 차량으로부터 가져온 것처럼 처리한다. 하지만 시뮬레이션 소프트웨어가 정교한 만큼 이러한 합성 시나리오를 설정, 모델링, 유지보수하는 데에는 많은 수작업을 필요로 한다. 그러나 곧 보게 되겠지만, AI는 합성 시나리오 생성의 영역에서도 게임 체인저가 될 잠재력을 가지고 있다.

GAN^{Generative Adversarial Network}은 의심할 여지 없이 최근 AI에서 가장 혁신적인 개발 중 하나다. Goodfellow 연구진[92]에 의해 처음 제안된 GAN 기술은 AI의 가능성을 새로운 수준으로 끌어 올렸고, 초해상도(저해상도 이미지로부터 고해상도 이미지 생성), 얼굴 합성(존재하지 않는 사람의 현실적인 얼굴 이미지 생성), 텍스트의 이미지화(서술된 텍스트로부터 이미지 생성) 등 많은 것을 포함한 폭넓은 AI 애플리케이션의 개발을 촉진시켰다.

GAN은 두 개의 독립적인 심층 신경망, 즉 생성자 신경망과 판별자 신경망으로 구성된 프레임워크다. 이러한 두 신경망은 서로 대립하는 목표를 가지고 있다. 생성자 신경망은 판별자 신경망에게 "속임수^{fool}"를 쓰기 위해 현실적인 샘플(이미지, 음성 등)

을 생성하는 것을 목표로 하는 반면, 판별자 신경망의 목표는 해당 샘플이 가짜인지 진짜인지 구별하는 것이다. 두 신경망은 일종의 포화점에 도달할 때까지 서로 경쟁하도록 학습된다. 포화점에 도달한 단계에서는 인공적으로 생성된 샘플이 매우 현실적이어서 판별자가 더 이상 진짜인지 가짜인지 구별할 수 없을 정도가 된다.

인상 깊을 정도로 현실적인 인공 데이터를 생성하는 GAN의 전문성은 합성 시나리오 생성을 위한 유망한 기술이다. 현실적으로 생성된 시나리오는 개발 비용을 절감하는 데 중요할 뿐만 아니라 가능한 모든 상황에 대응해 차량의 동작을 학습 및 검증하는 유일한 방법이 될 수 있다. 이는 실제 시험 주행 및 데이터 수집 기간 중에 자주 접하기 힘든 드문 상황이나 가상의 사례를 포함할 수도 있지만, 이러한 예상 밖의 이벤트가 발생한 경우에도 차량이 여전히 올바르고 안전하게 동작하는 것을 증명하기 위해 필요하다.

합성 시나리오 생성에서 GAN 기반 프레임워크의 성능을 조사하는 몇 가지 연구에서는 유망한 결과를 보여준다. Liu 연구진[93]은 실제 주행 영상 녹화본으로부터 시각적으로 현실적인 수정된(낮에서 밤으로, 눈 덮인 도로에서 마른 도로로 등) 거리 장면을 생성 가능한 UNIT Unsupervised Image-to-Image Translation Networks 프레임워크를 제안했다. Ouyang 연구진[94]이 제안한 PS−GAN

Pedestrian-Synthesis-GAN 프레임워크에서는 실제 장면에 뚜렷하고 현실감 있는 합성 보행자 이미지를 삽입 가능하다. 이는 보행자를 인지하는 CNN 기반 개체 탐지기의 성능을 더욱 향상시키는 데 사용할 수 있다. 시각적(즉, 이미지 또는 카메라 기반) 합성 외에도, 레이더 신호[95]나 라이다 포인트 클라우드[96]가 제공하는 데이터를 사용하는 것과 같이 다른 센서로부터의 합성 데이터 생성 역시 연구되고 있다.

요약

이번 장에서는 자동차 업계 R&D에서 증가하고 있는 AI의 관련성에 대해 논의했다. AI는 조직 수준의 변화를 의미하는 새로운 사고방식을 가져다 준다. 이제 조직 전략은 AI 구성요소를 둘러싼 인프라와도 긴밀하게 연결되며 개발 팀의 전문성과도 일치할 필요가 있다. 이것은 데이터(특히, 처리가 필요한 방대한 양의 데이터 존재)에 의해 주도되는 근본적인 변화다. 이러한 변화는 새로운 기회를 제공하지만 관련 데이터를 획득 및 관리하고 최적의 알고리즘을 개발하는 방법에 관한 새로운 도전과제 역시 제기한다. 게다가 새로운 알고리즘이 개발되고 나면 어떻게 시험하고 대규모로 배포해야 할까?

먼저, 엔지니어가 소프트웨어 개발을 가속화하고 최적화하는 데 사용하는 자동화된 규칙 생성의 개념을 논의했다. 이러한 맥락에서 AI는 코드 내의 오류를 예측하고, 패턴을 학습하고, 개발을 자동화 및 가속화하는 개발 툴에 사용되며, 이 모든 것이 출시일을 단축한다. AI는 또한 이미지 인식과 같은 특정 작업에 대한 특징을 선택하는 데 사용되는데, 수작업한 특징에 대한 의존성이 낮을수록 인식률이 높아진다. AI 알고리즘은 대부분 데이터 주도적이므로, 당면한 작업과 관련된 신뢰할 수 있는 데이터를 어떻게 획득할 지가 과제 중 하나다.

그 다음에는 AI 소프트웨어 시험의 복잡성에 대해 이야기했다. 최소한 부분적으로 AI를 이용하는 기존 툴을 사용하는 방법이 있고, 새로운 AI 개념을 도입해 작은 소프트웨어 구성요소에서부터 실행 중인 차량 내 전체 주행 소프트웨어 스택에 이르기까지의 모든 것을 시험하는 방법이 있다. 여기에서는 시험 및 학습 목적으로 이러한 SW 구성요소를 백그라운드에서 실행하는 새도우 모드 접근법을 언급했다. 새도우 모드는 또한 기존 기능의 추가 개선 및 새로운 기능 개발을 위한 데이터를 얻는 효과적인 방법을 제공한다. 다시 한번 강조하지만, 데이터가 초석이다. 이를 통해 허점을 알아낼 수 있을 뿐만 아니라 개선사항을 구현해서 OTA 업데이트를 통해 현장에 배포할 수 있다. 이러한 진단 및 개선 방법을 소프트웨어 정의 접근법이라 한다.

적절한 인프라를 갖추는 것은 소프트웨어 시험, 데이터 수집 및 관리, 대규모 소프트웨어 배포에 영향을 미치는 AI의 일반적인 과제 중 하나다.

결국 데이터가 핵심이다. 시뮬레이션에서는 합성적으로 생성된 시나리오의 특징을 이미 알고 있기 때문에 정의에 따라 실제 참값과 쌍을 이루는 새로운 데이터를 생산하는 데 유용하다. 사고나 규정 미준수는 주행 중 포착하기 어렵기 때문에 시뮬레이션은 이러한 특이 상황 연구에 특히 적합하다. 그리고 시뮬레이션은 물리적 환경 및 차량, 교통 상황 등에 관련된 센서 입력의 정확한 특성을 모방하는 모델을 생성하는 현실 모델링에 의존적이다. ADAS/AD 알고리즘의 개발 및 시험에 유용한 수준까지 현실을 재현할 수 있는 모델을 구성하는 것은 기존 시뮬레이션 솔루션의 주요 과제 중 하나다. 마지막으로, GAN이 자동차 산업 시뮬레이션에 사용돼 시각적으로 현실적인 인공 시나리오를 생성하는 데 인상 깊은 결과를 보여줬기에 합성 시나리오 생성 분야에서 게임 체인저가 될 잠재력이 있다.

CHAPTER 5

서비스를 위한 AI

자동차 산업과 AI^{Artificial Intelligence}를 같은 문장에 두면 상당수는 AD^{Autonomous Driving}라는 용어를 떠올릴 것이다. 자동차 제조사와 최첨단 기술을 가진 기업들이 AI와 자율주행 기술을 시장에 내놓기 위해 경쟁하고 있는 것은 사실이다. 더욱이, 자동차 산업에서 AI의 적용은 순수한 기계적 프로세스를 보다 지능적인 제조, 품질 관리, 물류 관리 프로세스로 변화시키면서 여러가지 영역으로 확장된다. AI는 클라우드 서비스, 조달 및 금융, 애프터마켓 서비스, 차량 라이프 사이클 내 모든 프로세스의 디지털화를 아우르는 다양한 빅데이터 기반 서비스와도 관련이 있으며, 이는 개인화된 마케팅, 차량 관리, 스마트 시티 내의 이동 수단 및 교통, 예상 진단 및 유지보수로 확장된다.

오늘날의 차량은 온보드 텔레매틱스 모니터링(통신, 전자, 소프트웨어 기술 포함), 운전자 지원 시스템의 센서, 운전자 행동 모니터링, 기타 소스로부터 상당한 양의 데이터를 생성한다. 결국 여기에서는 OEM^Original Equipment Manufacturer에 다채로운 통찰력을 제공해 내부 프로세스를 개선할 뿐만 아니라 고객 만족도를 높일 수 있는 빅데이터를 진보된 데이터 분석과 결합해 이야기하게 된다. 생산, 품질 관리, 물류, 재고와 같은 OEM 내부 프로세스는 ML/AI 알고리즘의 이점을 크게 받는다. 생산 라인에서의 좋은 예는 일련의 표식을 사용해 금속판 제조 중 균열을 예측하는 데 도움을 주는 LSTM^Long Short-Term Memory(기억하겠지만) 신경망을 학습시킴으로써 이러한 균열이 실제로 발생하기 전에 개입 가능하도록 하는 것이다[97].

차량 자체에서 직접 가져오는 데이터는 전자상거래 채널이나 소셜 네트워크 데이터뿐만 아니라 정비소, 보험사 등과 같은 서드 파티 데이터와 함께 고객 선호도 및 니즈를 파악하는 데 사용할 수 있다. 이것은 새로운 모델의 설계 및 제조에 있어 매우 중요하다. 이뿐만 아니라, 애프터세일즈 팀이 고객 충성도와 판매 증대를 궁극적인 목표로 서비스와 운영을 잘 조정해 고객 니즈를 더욱 잘 포착할 수 있도록 돕는다. 이와 직접적으로 관련해,

어떤 부품이 필요할지 예상할 수 있는 디지털 공급망에 차량이 연결됐을 때는 고장 발생 시의 대응이 훨씬 빨라진다. 이번 장에는 현재 차량 상태를 평가하기 위해 차량 데이터의 온라인 분석을 실행하는 기능이 탑재된 차량의 예상 진단을 다루는 절이 있다. 그리고 다양한 데이터 소스를 사용해 정기 점검을 훨씬 뛰어넘는 지속적인 차량 유지보수를 돕는 예상 유지보수, 정비소 내의 작업 부하 분배뿐만 아니라 차량 동작을 개선하는 프로세스도 설명할 것이다.

연결성과 디지털화는 운전석 내의 인포테인먼트 시스템을 통해 효율적으로 사용할 수 있는 광범위하고 새롭고 혁신적인 고객 서비스를 가능하게 한다. 이러한 서비스는 다른 차량, 개인 단말(예: 휴대폰), 네트워크에 연결된 도로변 장치(예: 신호등)뿐만 아니라 교통 모니터링 카메라, 임베디드 도로 센서를 포함한 많은 액터가 클라우드에 연결된 소위 IoT^{Internet of Things}의 혜택을 받는다[98]. 이 모든 정보는 클라우드나 에지 내에서 처리하거나(이는 분산 컴퓨팅의 관점에서 이해해야 한다. 클라우드와 차량 사이의 중간 컴퓨팅 스테이션을 생각할 수 있으며, 이에 따라 데이터가 클라우드로 전송되거나 클라우드 내에서 처리되지 않는다. 그 대신 필요한 위치로부터 더 가까운 곳에서 처리해 응답 시간과 필요 대역폭을 개선한다.) 차량 자체에서 처리한다. IoT는 실시간 정보 또는 단순히 몇 가지 새로운 엔터테인먼트 가능성을 제공함으로써 운전자를 지원하는 서비스를 가능하게 한다. 제공되는 서비스로는 현재 교통 정보를 통한 실시간 경로 탐색, 경로 전체에 걸친 날씨 정보 예측, 목적지 근처 무료 주차공간 예측, 음성 제어 및 음성 비서, 증강 현실이 제공하는 부가적인 도로 정보 등이 있다. 그리고 지금은 이미 이러한 서비스가 많이 개발되고 있다.

AI는 혼잡과 오염을 줄이고, 더 빠르고, 더 좋고, 더 깨끗하고, 더 저렴한 교통 수단을 제공함으로써 소위 스마트 시티라는 것을 생성해 도심지 내의 이동 수단을 이해하는 방식을 변화시킬 것이다[99]. MaaS^{Mobility as a Service}(즉 여행 계획 및 예약, 카 셰어링 등을 포함해 이동 수단을 온디맨드 서비스로 만들기 위한 다양한 형태의 교통 수단을 디지털 플랫폼과 통합)가 활발히 논의되고 있으며, AI는 의심할 여지 없이 핵심이 될 것이다. 스마트 시티와 MaaS의 맥락에서 볼 때 기존 AI 알고리즘 대다수는 ANN^{Artificial Neural Network}과 GA^{Genetic Algorithm}이며, 둘 다 도심 네트워크 내에서 복잡한 최적화 문제를 해결할 수 있다. 개미나 꿀벌이 함께 일하는 방식에서 영감을 받은 집단 지성 방법론도 연구됐다. 이러한 방법론에는 ACO^{Ant Colony Optimizer}, BCO^{Bee Colony Optimization} 알고리즘이 있다[100]. 이 기술은 스마트 차량 관리 서비스를 필요로 하는 카 셰어링 및 차량 호출 플랫폼뿐만 아니라 운송 회사에도 이득을 가져다줄 것이다. 이동 시간 및 거리, 승객 대기 시간, 픽업 위치, 차량 용량을 최적화하는 모든 것들이 여기에 포함된다. 간단히 말하면, 효율성과 서비스 품질이 향상될 것이다.

보험사는 많은 자동차 서비스 제공업체 중에서 확실히 중요한 역할을 한다. 최신 보험 모델은 각 운전자에게 맞춤화돼 그들의 운전 성향으로부터 직접 파생되는 유연한 맞춤형 상품을 제공하는 방향으로 진화하고 있다. 이번 장의 뒷부분에서는 고객 성향과 보험 모델과의 상관관계를 더 자세히 설명할 것이다.

예상 진단

최신 차량에는 이전에 비해 차량 당 더 많은 ECU^{Electronic Control Unit}와 소프트웨어가 장착 돼 있다. 이러한 ECU가 모니터링하는 기능 중 일부는 안전이 필수적이므로, 모든 시스템이 예상대로 동작 및 실행되는 것을 보장하는 데 있어 자가 진단이 매우 중요한 역할을 한다. 차량의 자가 진단은 새로운 개념이 아니다. 발생 가능한 엔진 고장, 부족한 오일 수준, 심지어는 낮은 타이어 공기압을 알려주는 센서가 수년 전에 처음으로 차량에 통합됐다. 그러나 자가 진단은 보다 정교한 전자 장치, 센서, 소프트웨어의 도입뿐만 아니라 차량이 독립된 개체가 아닌 연결돼 있다는 사실과 함께 더욱 복잡한 데이터 분석의 화두가

되고 있다. 자가 진단은 리콜할 필요 없이 OTA 업데이트를 통해 그때그때 일부 이슈를 예방 및 수정하는 데 도움을 줄 수도 있다. 심지어는 차량의 유효 수명을 연장하는 데 도움이 될 수도 있다.

온보드 자가 진단은 차량 내 데이터 스트림에 실시간으로 액세스해 필요한만큼 자주 샘플링할 수 있다는 이점이 있는데, 이는 초기 단계에서 결함 상황을 신속하게 평가하는 데 도움이 될 수 있다. 그러나 빠르고 안정적으로 진단하는 능력은 이용 가능한 데이터를 처리하는 역량에 직접적으로 의존한다. 온보드 스토리지와 컴퓨팅 능력에는 전형적으로 제한이 있었는데, 이것은 상대적으로 작은 데이터 분석 용량을 가지고 있었음을 의미한다. 차량에 탑재된 고성능 ECU를 향한 추세는 보다 진보된 데이터 주도적 접근법의 문을 열어줬으며 이는 향후의 결함을 탐지 및 격리하는 데 더 적합할 수가 있다. 실시간 온보드 전용 데이터 스트림 분석에 초점을 맞추는 경우에는 RUL^{Remaining Useful Lifetime} 추정에 힘을 싣는 방법이 있는 반면 정상 동작 행위로 간주할 수 있는 것으로부터의 편차를 탐지하려고 하는 또 다른 방법도 존재한다[101].

이러한 두 가지 접근법을 연결하는 것이 가능해지고 있다. 문헌에서는 RNN^{Recurrent Neural Network}을 사용해 다양한 센서로부터 나오는 "시계열^{time series}" 데이터(시간적 순서로 인지 및 플롯된 데이터)의 상태를 모니터링할 수 있음을 보여준다[97]. 오토인코더와 결합된 RNN은 비지도 방식으로 이러한 시계열에서의 정상 동작을 학습한다. 다시 말하면, 찾고자 하는 시계열 동작의 구조화된 정의가 이전에 없는 경우다. 그런 다음 새로운 시계열의 재구성 오류를 사용해 RUL에 직접 연결된 기기의 성능 저하 정도를 평가한다. 센서 신호 상관 행렬, 선형 회귀, k-NN[k-Nearest Neighbor], 퍼지 논리와 같은 이름을 가진 일반적인 방법론을 이용해 시계열의 편차를 탐지하는 알고리즘을 구현할 수 있다[101]. 편차를 탐지하면 향후 결함이 나타날 가능성이 있지만, 그러한 편차의 근본 원인을 격리하는 것이 그리 쉽지 않을 수 있다. 편차의 근본 원인을 격리하기 위해서는 알려진 오류와 연결된 유사한 편차에 대한 과거 데이터가 필요하다. 이전에 학습된 모델과 관련해 현재 탐지된 편차를 매핑 가능하다면 이러한 근본 원인을 식별할 수 있다.

ADAS 및 AD 시스템의 맥락에서 인지 센서의 건강 상태를 아는 것은 필수다. 머신러닝 기법은 센서가 의도한 대로 동작하는 것을 방해하는 데 발생 가능한 이슈를 식별 및 분류할 때 사용한다. 예를 들면, 막힘이나 가림 탐지용 카메라에서의 오염물 탐지는 SVM[Support Vector Machine] 분류기를 통해 수행할 수 있다. GAN[Generative Adversarial Network]도 사용할 수 있는데, 일부 저자는 이를 SoilingNet[102]이라 부른다. 먼지, 진흙, 얼음, 물방울,

이슬이 렌즈를 부분적으로 또는 완전히 덮는 상황을 상상해 보자. 그 결과로 시야 제한, 장애물 및 개체 탐지 정확도 감소, 심지어는 마치 센서가 없는 것처럼 장애물 및 개체 탐지 기능을 완전히 이용할 수 없게 될 수도 있다. 머신러닝 기법을 이용하면 제한된 기능에 대해 ADAS/AD 알고리즘에 알릴 뿐만 아니라 적절한 대책을 적용하는 데에도 도움이 된다. 예를 들어, 카메라의 렌즈가 얼음이나 이슬로 덮여 있다면 가열 메커니즘을 활성화할 수 있으며, 진흙이나 먼지가 탐지되는 경우 청소 시스템이 해당 문제를 처리하는 데 도움을 줄 수 있다.

센서 가용성의 자가 진단 및 동작 중 수정 사항의 적용은 차량 네트워크 및 차량 내 통신을 통해 ECU 내부의 메모리 하위 시스템 무결성으로부터 다른 구성요소에 쉽게 적용 가능하다. 또한 엔진, 타이어 공기압 등의 기계적 문제에 대해서도 마찬가지다. 대부분의 경우 프로세스의 흐름은 센서가 특정 구성요소의 하나 또는 여러 개의 파라미터를 지속적으로 모니터링하는 것에서 시작된다. 이러한 센서 정보는 해당 시스템의 현재 상태를 추정하는 제어 장치로 전송된다. 어떤 경우에는 이러한 추정이 센서 가열 및 청소의 예에서 봤던 것처럼 실시간으로 몇 가지 설정을 조정하는 데 사용될 것이며, 다른 경우로는 운전자에게 타이어 공기압 확인과 같은 일부 시정 조치를 취하도록 알리는 데 사용될 것이다. 연결성이 부여된다면 차량 내에서 생성된 이러한 모든 데이터를 데이터 센터로 전송할 수 있다. 거기에서 데이터는 다른 차량의 정보 및 과거 데이터와 함께 분석된다. 해당 결과는 소프트웨어 버그를 식별 및 수정하고 이후에 OTA^{Over The Air} 업데이트를 통해 수정하는 데 사용할 수 있다. 이는 "예상 유지보수^{predictive maintenance}"의 일부로 유지보수 작업 계획을 최적화하는 데 도움을 줄 수도 있다. 예상 유지보수에 대해서는 다음 절에서 살펴볼 것이다.

예상 유지보수

자동차 산업에서 유지보수의 필요성은 제조 공정과 관련된 모든 시스템, 로봇, 장치뿐만 아니라 이미 도로를 돌아다니는 차량의 많은 구성요소와도 관련이 있다. 전통적으로 유지보수 스케줄링은 주기성을 기반으로 정기적으로 기기와 차량을 정비하고 사전 결정된 간격마다 부품을 교체하는 방식으로 해왔다. 이를 예방 유지보수라 한다. 그러나 지금의 추세는 예상 유지보수라는 방향으로 진화하고 있다. 초기의 유지보수 접근법은 장치 고장 또는 명시된 시간 간격의 경과에 대해 사후 대응하는 식이었다. 이를 넘어서 자동차 제조사에서는 유지보수 간격을 더욱 잘 조정하기 위해 런타임과 같은 특정한 측정법을 사용하기 시작했다. 특정 부품의 성능을 추적하기 위한 센서를 추가하면 장치 상태를 더 높은 수준으로 이해할 수 있으며 상태 기반 유지보수가 가능해진다. 다음 단계로, 상태 기반 유지보수는 AI와 밀접하게 연관지어 수행되며, 향후 장치 고장을 예측해 PdM Predictive Maintenance 이라는 것을 생성한다.

오늘날 대부분의 생산 기기 및 차량에는 온도, 습도, 작업 부하, 피로도, 진동 수준 등과 같은 필수 정보를 능동적으로 모니터링하고 전송하는 다양한 센서가 장착돼 있다. 이러한 센서는 상당한 양의 가치 있는 데이터 및 로그를 생성한다. 실시간 데이터를 전체 차량 또는 여러 생산 라인에 걸친 고장 및 유지보수 이력과 조합해 장애로 이어질 수도 있는 조건 및 패턴을 장애가 발생하기 전에 식별 가능하므로 유지보수가 필요할 때를 예측하고 심각한 손상을 예방할 수 있다. 이용 가능한 데이터의 분석 및 모델링을 통해 RUL을 추정하고, 결함 근본 원인을 식별하고, 결함 예측 전략을 구현할 수 있다. 이뿐만 아니라, 일부 장치의 작동 수명을 연장하거나 다른 장치의 주요 이차 손상을 방지해 유지보수 스케줄링을 최적화할 수 있다. 이러한 두 가지를 통해 위험을 최소화하고 수리 비용, 낭비, 생산 미가동 시간, 관련 손실을 줄일 수 있게 된다.

예상 유지보수는 센서, 연결성, 데이터 분석과 같은 빅데이터 기술의 최근 발전을 활용해 인더스트리 4.0 Industry 4.0 [103]이라는 빌딩 블록 중 하나를 생성 가능하게 한다. 머신러닝 알고리즘은 데이터를 분석해 필요한 결정을 내리는 데 사용된다. 이는 SVM, DT, k-NN$^{\text{k-Nearest Neighbor}}$과 같은 잘 알려진 ML 알고리즘일 수도 있으며, 더 최근에 등장했지만 친숙한 DL$^{\text{Deep Learning}}$ 기반 알고리즘(예: 오토인코더, LSTM을 사용한 RNN, GAN, DRL$^{\text{Deep Reinforcement Learning}}$)일 수도 있다. 문헌 [104]에는 기존 ML 기반과 최신 DL 기반 PdM 알고리즘 모두 다양하게 존재하며, 두 가지 다 결함 진단, RUL 예측, 상태 지표 학습, 유지보수 결정을 수행하도록 설계됐다. 기존 방식은 이용 가능한 데이터의 양이 제한돼 있을 때도 문제를 진단 가능한 능력을 갖춘 반면에, DL 기반 방식은 이용 가능한 충분한 이력 데이터가 제공된 경우에 구성요소의 성능 저하와 오류 식별을 보다 정확히 평가하도록 학습 및 생성된다. 그러나 두 가지 경우 모두 올바른 정보를 선택하는 것이 힘들 때가 있다. 문헌 [105]를 예로 들면, 저자는 엔진 상태를 모니터링하고 결함을 예측하기 위해 점화, 연료, 배기, 냉각과 같은 몇 가지의 파라미터를 분석했다. 센서 데이터는 블루투스^{Bluetooth}를 통해 OBD-II$^{\text{On-Board Diagnostics version II}}$ 포트에서 스마트폰으로 전송하고, 추가 프로세싱을 위해 클라우드로 보냈다. PCA$^{\text{Principal Component Analysis}}$는 특징 차원을 줄이는 데 사용하고, 네 가지 분류 알고리즘인 SVM, DT$^{\text{Decision Tree}}$, RF$^{\text{Random Forest}}$, k-NN$^{\text{k-Nearest Neighbor}}$을 비교했다. 여기에서는 SVM이 다른 방식들보다 성능이 더 나은 것으로 입증됐다.

예상 유지보수는 매우 유망한 접근법이지만 여전히 극복해야 할 과제가 있다. PdM은 필요 역량, 인프라, 기술 측면에서 조직 수준의 변화를 요구하며, 이 모든 것은 당연히 더 많은 비용으로 환산된다[106]. PdM 구현의 복잡성 및 잠재적 이점에 따라 일부 기업은 이를 구현할 재정적 힘이 없거나 투자자본수익률이 충분하지 않다고 결정할 수도 있다. PdM의 또 다른 과제는 데이터의 수집, 관리, 처리다. 특정 장치와 가장 관련성이 높은 데이터가 무엇인지 정의하고, 적합한 센서를 찾고, 머신러닝 알고리즘 학습을 위한 데이터를 수집하는 올바른 프로세스를 구현하는 것은 사소한 일이 아니다. 심지어는 모든 것이 갖춰져 있어 향후 결함을 예측할 수 있는 경우에도 해당 결함을 방지하는 것이 실현 불가능하거나 필요한 경감 조치가 PdM이 없을 때와 크게 다르지 않을 수도 있다. 또한 기술자도 새로운 유지보수 방식으로 작업 가능하도록 교육이 필요하다.

운전자 성향 분석

앞에서는 차량 텔레매틱스에서 OBD-II를 거쳐 처리된 데이터가 어떻게 실시간 차량 상태를 지속적으로 모니터링할 수 있는지에 대해 CAN^{Controller Area Network} 버스, 그리고 차량의 속도, 가속도, 방향, 주행 거리 등을 기록하는 온보드 동작 센서 및 위치 센서의 예를 통해 살펴봤다. 이 정보는 운전자 성향을 추론하는 데 유용하다. 요즘 스마트폰은 차량에 직접 연결되지는 않지만 가속도, 나침반(자력계) 데이터뿐만 아니라 GPS 신호를 수집하는 데 꽤나 가치가 있으며, 이는 또 하나의 추가적인 인지 데이터 소스가 될 수 있다. 오늘날 많은 차량에는 이벤트 데이터 레코더라고도 하는 "블랙 박스^{black box}" 레코더가 포함돼 있는데, 이는 사고 이전의 시나리오를 재구성하는 데 도움을 주는 데이터를 캡처한다. 인포테인먼트와 운전자 모니터링 시스템은 추가적인 정보를 제공한다. 이러한 모든 데이터 소스는 일일 평균 주행 거리, 주행 시간 및 속도, 속도 및 가속도의 변화, 조향 변화, 출퇴근 시간대와 피크가 아닌 시간대의 주행 시간 비, 야간이나 특정 기상 조건에서 주행하는 데 소요된 시간 등과 같은 개인의 운전 성향에 대한 다양하고 유용한 지표를 생성한다[107].

　운전자 성향 분석은 비용에 상당한 영향을 미칠 수도 있다는 점에서 의의가 있다. 연료 소비를 줄임으로써 CO_2 배출을 줄

이는 데 도움을 줄 수 있는데, 이것은 특히 대형 차량과 관련이 있다. 또한 다양한 기계적 구성요소를 더 많이 마모시키는 경향이 있는 나쁜 운전 습관을 교정해 이러한 구성요소의 수명을 연장하고 유지보수 및 수리 비용을 낮추는 데 도움을 줄 수도 있다. 그리고 사고 위험을 줄임으로써 보험 비용을 낮추는 데에도 도움을 줄 수 있는데, 이는 보험사에서 운전자 성향 분석에 특별한 관심이 있다는 점으로 이어진다. 인적 오류는 사고의 중요한 원인이다. 보다 구체적으로 말하면, 음주, 과격한 운전, 급가속, 급제동, 급회전, 고속 주행, 단순하게는 주의 분산 운전과 같은 나쁜 운전 성향 때문에 발생하는 오류다[108].

보험 정책을 몇 가지 나열해보자면, 차량의 브랜드, 용도, 엔진 출력과 함께 운전자의 연령, 경험, 이력과 같은 실제 수치를 기반으로 한다. 이러한 접근법을 통해 보험 위험 및 그에 따른 비용은 매년 재계산된다. 고객 성향 분석은 UBI^{Usage-Based Insurance}라는 것을 이용함으로써 보험 갱신 주기 및 비용을 보다 유연하게 만들 수 있는 기회를 제공한다. 고객이 얼마나 자주, 어디서, 언제, 어떻게 운전하는지를 고려하는 몇 가지 UBI 모델이 이미 존재한다. UBI는 운전 성향 데이터 기반의 할인을 제공할 뿐만 아니라 운전 성향 개선 및 사고 감소로 이어져 보험사와 운전자 모두에게 이득이 되는 것으로 입증됐다[109]. UBI에는 주행 거리 총량을 기반으로 보험료를 할증하는 PAYD^{Pay-As-You-}

Drive, 각 이동이 끝났을 때의 운전 성향 점수를 기반으로 할인을 적용하는 PHYD^{Pay-How-You-Drive}, 운전자에게 안전 운전 습관을 장려하기 위해 실시간 경고와 제안을 고려해 보험료를 산정하는 MHYD^{Manage-How-You-Drive}의 세 가지 유형이 있다. MHYD는 개인의 주행 패턴뿐만 아니라 졸음, 피로, 주의 분산 정도까지 분석하는 가장 진화된 모델이다. 차량은 현재 운전자 상태를 결정하기 위해 머신러닝 알고리즘과 결합해 운전자 모니터링 기술로부터의 추가적인 데이터 또는 웨어러블 장치로부터의 생리학적 데이터에 대한 접근이 필요할 것이다(1장에서 최신 운전자 모니터링 시스템에 대해 설명한 부분 참조).

스마트폰의 진화는 센서의 정확도 증가 덕분에 몇 가지 새로운 운전자 성향 모니터링 접근법의 원동력이 된다. 경우에 따라서는 스마트폰이 블루투스^{Bluetooth} 어댑터를 통해 OBD-II로부터 데이터를 수집하는 데 사용되기도 한다. 이러한 맥락에서 일반적으로 사용되는 머신러닝 알고리즘은 시계열 패턴을 식별하는 데 적합하거나 특정 클래스 내에서 확률을 모델링할 수 있는 알고리즘(좋은 운전자가 될 확률, 사고 가능성, 특정 성향 측면에서 합격/불합격 등)이다. 전자의 예는 동적 시간 왜곡^{Dynamic Time Warping}, 퍼지 논리 등이며, 후자의 예는 주어진 운전자 성향 특징 통계 세트로부터 사고 확률 및 심각도를 예측하기 위한 로지스틱 회귀 등이다[107]. 더 복잡한 ML 알고리즘은 문헌 [110]에 의해 벤치

마킹돼 제동, 가속, 회전, 차로 변경 데이터로부터 과격한 운전을 평가한다. 이 사례에서 저자는 RF가 SVM, 베이지안Bayesian 네트워크, ANN을 능가한다고 언급한다. 또 다른 예인 문헌 [111]에서는 SVM이 스마트폰으로부터의 가속도, 방향 정보를 사용해 직진, 방향 전환, 미끄러짐, 빠른 유턴, 언더 스티어, 오버 스티어, 급제동과 같은 특정 유형의 차량 동작을 식별함으로써 비정상적인 운전을 탐지하는 데 어떻게 도움을 줄 수 있는지 보여준다. 문헌 [112]에서는 생리학적 특징 및 주행 성능 특징 세트를 사용해 SVM 분류기를 학습시킨 다음 음주 운전을 정상 운전과 구별하는 데 사용한다. 최근의 접근법들은 RNN과 같은 DNNDeep Neural Network 기법을 사용한다[113]. LSTMLong Short-Term Memory과 GRUGated Recurrent Unit는 여러 가지 CAN 메시지로부터 불규칙한 운전 성향 특징을 포착해 상호 연관시키는 데 사용한다. 보다 정확하게 말하면, 엔진, 연료, 변속기 데이터를 분석한다.

운전자 성향 분석이 직면하는 첫 번째 과제는 대부분의 데이터 분석 문제와 유사한데, 여기에서 말하는 어려움은 해당 특정 작업 중 가장 통찰력 있는 데이터를 선택하는 것이다. 올바른 데이터 소스를 선택하는 것은 더 나은 결과를 얻는 데 이점이 있을 뿐만 아니라 데이터 차원을 줄이는 데도 도움이 된다. 후자는 처리할 데이터의 양이 매일 증가하고 있다는 것을 고려한다면 특히 중요하다. 또 다른 중요한 과제는 이러한 방식이 개인 운전자 데이터를 다룰 수도 있다는 사실인데, 이는 데이터 개인 정보 보호 문제를 일으킬 수 있다. 따라서 직관적으로 몇 가지 데이터 소스가 운전자 분석에 가장 적합해 보이더라도 해당 데이터의 사용을 피하는 것이 가장 좋을 수가 있다.

요약

이번 장에서는 자동차 산업 내의 서비스를 위한 AI가 실시간 내비게이션부터 최적화된 유지보수 스케줄링, 맞춤형 보험 모델에 이르기까지의 광범위한 가능성을 아우르는 방법을 살펴봤다. AI는 최종 고객이 볼 수 있는 서비스뿐만 아니라 공급망의 시작부터 판매 후에 이르기까지 차량의 라이프 사이클 전반에 걸쳐 필요한 모든 서비스에도 적용될 수 있다. AI 기반 서비스는 자동차 제조사, 공급사, 서비스 제공사, 고객에게 상당한 이점을 가져다준다. 빅데이터를 분석하는 자동차 제조사는 고객의 선호도를 학습할 수 있고, 예상 진단을 통해 구성요소의 내구성을 개선하고 수리 또는 유지보수 시간을 단축할 수도 있다. 결국 이는 고객 만족도와 충성도를 높이는 것으로 해석된다.

또한 엔진의 상태를 판단하거나 ADAS 또는 AD 작업에 필수적인 센서가 장애로 인해 적절하게 동작하지 않을 때 통신하기 위한 구성요소의 상태를 그때그때 실시간으로 평가하는 데 예상 진단이 어떻게 사용될 수 있는지도 살펴봤다. 오늘날의 차량에는 다양한 구성요소를 모니터링하고 지속적인 데이터 스트림을 생성하기 위한 더욱 많은 센서, 더 많은 양의 데이터를 처리할 수 있는 더 강력한 제어 장치, 해당 데이터를 이해할 수 있는 고급 데이터 분석 방법론이 있기 때문에 이러한 평가가 가능하다.

PdM^{Predictive Maintenance}은 연결성을 통해 많은 차량으로부터의 진단 데이터를 클라우드로 전송 가능하게 하는 한 걸음 더 나아간 단계를 나타낸다. 그런 다음 PdM은 차량 구성요소의 RUL을 예측하고 유지보수 사이클을 최적화하기 위해 이력 데이터를 학습한다. 앞에서는 이용 가능한 데이터가 제한적일 때 SVM, DT, RF와 같은 전통적인 머신러닝 방식이 일반적으로 어떻게 사용되는지 살펴봤다. 반면 딥러닝 알고리즘은 보유한 데이터의 양이 충분히 많을 때 이용하며, 더욱 정확한 결과를 생성할 수 있다.

이제는 차량 센서, 운전자 모니터링 시스템, 심지어는 휴대폰으로부터의 빅데이터를 사용해 운전자 행동 패턴을 학습할 수 있다. 많은 사고는 운전자의 잘못된 행동(과격한 운전, 음주 운전, 주의산만 운전, 과속 등) 때문에 발생한다. 보험사는 운전 성향을 기반으로 운전자에게 할인을 제공하는 새로운 모델을 찾고 있다.

UBI는 안전 운전을 촉진하는 실시간 경고 및 제안을 통합해 보험료를 산정한다.

CHAPTER 6

자동차 분야에서 AI의 미래

자동차 산업의 미래는 AI^{Artificial Intelligence}와 함께 갈 것이다. 실제로 일부 차량은 오늘날 ADAS^{Advanced Driver Assistance Systems}에서 센서 데이터를 처리하기 위해 이미 AI 알고리즘을 이용하고 있으며, 차량 주변 환경을 이해해 그에 따라 행동하는 것을 볼 수 있다. 세 번째 장에서는 AI를 사용해 차량 탑승자의 음성 명령을 이해하고 해당 답변을 생성하는 몇 가지 AI 기반 음성 지원 시스템이 이미 시장에 나와 있다는 것을 언급했다. 이는 자동차 업체와 첨단 기술 업체 간 새로운 협력을 시작한다는 것을 보여주는 몇 가지 예다.

자동차 OEM^{Original Equipment Manufacturer}이 제공하는 경험은 대부분 기계학, 역학 및 운동학, 재료 과학, 동력 기술의 범주 안에 넣을 수 있는 것들이다. 이와 같은 범주에서 기술 업체는 컴퓨팅, 컴퓨터 비전 알고리즘, ML^{Machine Learning}, 자연어 처리에서의 새롭고 진보된 하드웨어 개념 위에 소프트웨어를 제공할 뿐만 아니라 데이터 처리 및 해당 데이터 관리를 위한 올바른 대규모 인프라를 구축하는 노하우도 제공한다. 이러한 두 가지 영역의 조합은 오늘날의 ADAS^{Advanced Driver Assistance Systems}부터 차후 완전 자율 차량에 이르기까지의 안전 시스템을 개선하기 위한 중요한 기회임을 의미한다. 하지만 이러한 발전에서 오는 이점은 안전뿐만이 아니다. 고객 경험에서의 이점도 있다. 여기에서의 몇 가지 예는 추천자와 음성 비서(3장에서 봤듯이)를 포함한 개선된 인포테인먼트 및 운전석 기능, 그리고 모든 모빌리티 서비스에 대한 보다 쉬운 접근이다.

OEM, 로보택시 스타트업, 최첨단 소프트웨어 및 하드웨어 제공사 간의 파트너십 및 협업 환경은 지속적으로 진화하고 있다. 어떤 자동차 OEM이 자체 소프트웨어 솔루션을 구현할 수 있을지, 어떤 자동차 OEM이 최첨단 기술 업체와 파트너를 맺을 수 있을지는 예측하기 어렵다. 지금 현재 자동차 산업에는 AI를 이용하는 많은 OEM(예: BMW, Daimler, Volvo), 기술 업체(예: Microsoft, NVIDIA, Waymo), 스타트업(예: Argo.AI, Aurora, TuSimple)

이 있다. 한편, 자율주행 시도의 복잡성 및 비용은 합병, 인수, 파산을 통해 환경에 상당한 변화를 일으킬 수도 있다.

일부에서는 이러한 새로 고안된 차량을 "바퀴 달린 컴퓨터", 다시 말하면 IoT Internet of Things에서 또 하나의 연결된 플레이어 유형이라 한다. 소프트웨어가 어떻게 차량의 핵심 부가가치가 되고 있는지 살펴본 뒤에, 이 책에서는 이러한 유형의 차량을 소프트웨어 정의 차량이라고 설명했다. 또한 이러한 소프트웨어는 점차 발전해, 스마트폰이 업데이트를 수신하는 방식과 유사한 방식으로 무선 업데이트를 통해 개선 사항과 새로운 기능을 업데이트해 차량 가치를 연장한다. 차량용 OTA(Over The Air) 기능의 가장 현대적인 예는 인포테인먼트, 내비게이션, ADAS 소프트웨어에 대한 OTA를 지원하는 자동차 제조사 Tesla [79]에서 제공한다. 다른 OEM들도 OTA를 도입했지만 대부분 지도, 내비게이션, 인포테인먼트로 제한돼 있다.

OTA는 자동차 산업의 표준 장비가 될 것 같다. 이는 사상자 제로라는 목표를 향한 지속적인 안전 개선을 가능하게 하는 핵심 요소 중 하나다. 아이러니하게 보일 수 있음에도 불구하고, 이러한 발전의 흐름은 차량이 더 이상 완전히 독립적인 개체가 아님을 의미한다. 차량과 AI의 미래에는 차량 자체에서 클라우드 내의 컴퓨팅으로 확장해 함께 동작하는 여러 가지 빌딩 블록을 포함한다. 차량 외부의 대규모 인프라는 데이터 관리, 새로운 알고리즘 학습, 내비게이션, 차량 이용량 및 교통 데이터 분석에서부터 통신(V2X)에 이르기까지 다양한 측면에서 중요한 역할을 한다.

개인 정보 보호 및 사이버 보안의 발전은 연결된 소프트웨어 정의 차량 분야 내에서 뜨거운 이슈 중 하나다. 사이버 보안 메커니즘은 양자 컴퓨팅과 같은 새로운 컴퓨팅 모델에 뒤쳐지지 않도록 진화가 필요할 것이다. 고전적인 컴퓨터의 0과 1에 국한되지 않고 양자 컴퓨터는 많은 양의 계산을 동시에 처리하는 것이 가능하다. 실제로, 양자 컴퓨터는 동일한 양의 데이터를 수십 수백 배 더 빠르게 처리하는 능력을 가지므로 이론적으로 현재의 모든 암호화 메커니즘과 사이버 보안 시스템을 더 이상 쓸모없게 만들 것이다. 이 기술의 초기 개발 및 인프라 투자 비용은 일부 자동차 제조사에게는 엄두를 못낼 만큼 높을 수도 있으며, 이는 자동차 산업에서 AI를 광범위하게 채택하는 데 또 다른 과제를 낳는다.

게다가 AI 기반 자율주행차량은 검증 및 유효성 검사 시에 한 단계 더 복잡하다. 만약 차량이 센서 입력을 운전자 성향과 상호 연관시켜 운전을 학습하는 엔드 투 엔드 접근법(인간의 프로그래밍 개입이 없는 접근법)을 고려한다면, 주행 환경을 평가해 이에 대한 적절한 반응을 보장하는 것이 사소한 작업은 아니다.

다음 절에서는 이미 자동차 산업에서 이용되는 두 가지 별개의 머신러닝 접근법인 시맨틱 추상 학습과 엔드 투 엔드 학습을 설명하고 비교할 것이다. 그 다음은 차량 내의 기능 안전이 AI 로부터 이점을 얻을 수 있는 방법뿐만 아니라 AI 알고리즘이 의 도한 기능 자체를 개선하는 데 도움이 되는 방법을 보여주는 몇 가지 세부 사항으로 들어갈 것이다. 마지막으로, 서로 연결된 차량에 대한 몇 가지 사이버 보안 과제를 살펴보고 보안 측면에 서 AI가 제공하는 몇 가지 기회를 설명할 것이다.

두 가지 패러다임에 대한 이야기

ML 및 AI 알고리즘은 모두 데이터 기반이다. 즉, 이러한 알고리 즘은 당면한 작업과 관련된 데이터로부터 특정 모델 및 패턴을 학습한다. 예를 들면, 적절하게 레이블링된 모든 차량의 주행 영상 시퀀스는 주변 차량을 인식하기 위한 학습에 사용된다.

이전 장에서는 AI가 자율주행 분야에서 어떻게 사용되는지 살펴봤다. 이러한 맥락에서 서로 다른 인지 작업을 수행하기 위 한 각각의 모듈을 사용하는 것에 대해 이야기했다. 하나는 차량 인식용 모듈, 다른 하나는 차로 표식 탐지와 더불어 보행자 및 자전거 이용자를 인식하고 분할 DNN으로 픽셀을 도로, 인도, 하늘 영역 등으로 분류하기도 한다. 이러한 각각의 독립적인 모듈은 특정 인지 작업을 수행하도록 설계 및 학습된다. 그런 다음 이러한 모든 모듈을 병합해 주변에 대한 적절한 해석을 생성하고, 경로상에 장애물이 있는지 여부를 추가로 도출하고, 가능한 충돌 궤적이 있는지 예측하고, 일반적으로 다음에 어디로 가야 하는지 계획한다. 이러한 종류의 자율주행 소프트웨어 스택의 아키텍처를 상상하는 경우, 특정 개별 작업에 학습 및 최적화돼 보다 복잡한 공통된 목표를 달성하기 위해 함께 동작하는 많은 특수 모듈을 떠올릴 수도 있다. 하지만 실제로는 컴퓨팅 파워가 한정돼 있기 때문에 이러한 모듈 중 일부는 초기 단계에서 병합될 수도 있다. 예를 들면, 보다 특수한 모듈에 대한 컴퓨팅 요구사항을 줄이기 위해 ROI를 식별한다. 그러나 이는 여전히 시맨틱 추상 학습[114]이라고도 하는 모듈식 학습 접근법이다.

이와는 반대로, 자율주행이라는 맥락 안에서 엔드 투 엔드 학습은 센서 입력을 운전자 명령과 상호 연관시켜 AD 제어 명령을 유도하는 것으로 구성된다. 다시 말하면, 엔드 투 엔드 접근법은 주어진 각 시나리오에 직면했을 때 인간 운전자를 모방함으로써 운전하는 법을 학습한다. 엔드 투 엔드 학습은 차량 탐지, 차로 표식 탐지 등과 같은 특정 작업을 인간이 정의한 하위 모듈로 나눌 필요가 없도록 만들기 때문에 각 개별 모듈을 지도할 필요도 없다. 그 대신 단일 AI 모듈을 도입한다. 엔드 투 엔드 학습의 구현 예는 PilotNet 연구 프로젝트라고 부르는 문헌 [115]에 나와 있는데, 여기에서 저자는 전방 카메라로부터의 출력을 (인간) 운전자 조향 명령과 짝지어 차량 조향에 대한 전체 처리 파이프라인을 학습하기 위해 CNN^{Convolutional Neural Network}을 사용한다[116]. 이 접근법은 장애물을 회피하고 주행 경로를 따라갈 수 있는 능력을 입증한다. 그러나 시스템을 누가 학습시키느냐에 따라 모든 교통 법규를 준수하는 법을 학습하지 못할 수도 있다. 문헌 [117]에서는 차량이 의도한 교차로 쪽으로 진행하는 데 도움을 주는 수단으로서 조건부 학습을 추가했다. PilotNet 접근법은 문헌 [118]에서 제시한 멀티 모달 센서 조합(라이다와 카메라), 문헌 [119]에서 제시한 더욱 가벼운 CNN 모델(계산 비용이 더 적음), 문헌 [120]에서 제시한 서라운드뷰 카메라 엔드 투 엔드 시스템과 같은 다른 방식에도 영감을 줬다. 이 책의 이전 장에서도 봤듯이 엔드 투 엔드 학습 접근법은 자동 음성 인식, 운전자 시선 추정과 같은 다른 AI 애플리케이션에서도 점점 인기가 높아지고 있다.

엔드 투 엔드 학습은 개념적으로나 수학적으로 아름다우며, 이론적으로는 시스템 내부에서 무엇이 발생하는지에 대한 걱정 없이 통합 방식으로 시스템을 학습시킴으로써 엔지니어링 목표를 달성할 수 있다. 개념적으로, 하위 모듈을 설계하는 전문 인력의 필요 없이 순수하게 데이터로부터 학습하는 것은 일관성 있는 접근법처럼 보인다[121]. 그리고 엔드 투 엔드 학습은 여러 분야에서 동작하는 것이 입증됐다. 그러나 기능 안전이 주요 요소인 자동차 분야 내에서는 여전히 몇 가지 제한에 시달린다. 많은 시나리오와 유스 케이스에서 충분한 안정성을 달성하고 독립적인 비전 알고리즘을 보다 효율적으로 학습 및 시험하도록 만들기 위해서는 필요한 데이터의 양이 상당하다[122]. 실제로도 차량은 예상할 수 있는 많은 유스 케이스와 시나리오를 학습해야 한다. 이는 필요한 데이터의 양에 영향을 미칠 뿐만 아니라 잠재적으로 큰 신경망이 필요하므로, 당연히 더 많은 컴퓨팅 파워를 필요로 한다. 또한 국소 최적값이 생성될 수도 있다. 과하게 제한된 데이터는 과하게 제한된 결과로 이어지며 최종적으로는 완전한 학습 실패로 이어진다. 결국 기본적으로 학습 프로세스 내부에서 발생하는 것을 완전히 제어할 수 없다는 사실이 일관성 보장(변경되지 않은 입력으로부터 동일한 출력을 얻음)과 알고리즘 검증 및 유효성 검사에 대한 우려를 낳는다.

오늘날까지 엔드 투 엔드 학습은 자동차 산업 내의 특정 제한된 시나리오에서 동작하는 것으로 입증됐지만 모듈식 접근법은 진행 중인 주요 개발 및 구현에 있어 여전히 지배적이다. 미래에는 전반적인 기능 안전성을 높이는 방법으로서 하이브리드 접근법을 보게 될 수도 있다.

AI와 차량 안전

자동차 산업은 초창기보다 안전 측면에서 상당히 발전했지만 사망자 제로 목표까지는 아직 멀었다. 더 나아진 전반적인 성능은 더 높아진 차량 속도와 함께 새로운 안전 과제를 가져왔으며, 사고 발생 시 대응 시간대는 단축됐지만 영향이 더 심각해졌다. 산업계에서는 가치 사슬 전체에 걸친 안전 정책을 시행해 차량 내부의 승객과 차량 외부(예: 취약한 도로 이용자. VRU Vulnerable Road User로 약칭하기도 함)의 안전을 강화한다. 최신 차량은 중요한 시스템에서 특정 백업 이중화를 하도록 설계돼 장애가 발생할 때 생길 수 있는 위험한 상황의 안전한 해결을 보장한다. 이것은 페일 세이프fail-safe 동작으로 알려져 있으며, 현재 차로에서 안전하게 정지하는 것과 같이 차량을 안전한 상태로 만든다. 페일 오퍼레이셔널fail-operational 접근법으로 알려진 또 다른 대안은 고속도로 갓길에 안전하게 정지할 수 있을 때까지 차량이 축소된 기능과 이동을 통해 계속 동작하게 한다.

자동차 산업에서의 안전 시스템은 능동과 수동의 두 가지 범주로 나눌 수 있다. 능동 안전 시스템은 차량의 조향 및 제어를 보조해 사고를 예방하는 반면, 수동 안전 시스템은 피할 수 없는 사고로 인한 피해를 완화시키는 것을 목표로 한다. 기존의 많은 ADAS는 AEB Automatic Emergency Braking, ESC Electronic Stability Control,

ABS$^{Anti-lock Braking System}$, ACC$^{Adaptive Cruise Control}$, BSD$^{Blind Spot Detection}$ 등과 같은 능동 시스템이다. 잘 알려진 수동 안전 시스템의 몇 가지 예는 안전 벨트와 에어백이다.

능동 및 수동 안전 시스템은 부분적으로 NCAP$^{New Car Assessment Program}$[123]와 같은 정부의 차량 안전 평가 프로그램 덕분에 점진적으로 개선됐다. 이는 성인 및 어린이 탑승자 보호, 보행자 및 자전거 이용자 보호, 안전 지원에 있어 차량이 얼마나 잘 동작하는지를 기반으로 차량 등급을 제공한다. 비록 NCAP가 구속력이 없는 평가만을 제공하지만 최선의 안전 실천에 있어 OEM 투자에 대한 인센티브로 볼 수 있다. 정부 후원 프로그램의 영역 밖에서는 ISO가 자동차 산업 영역에서의 안전하지 않은 시스템 동작에 관한 두 가지 중요한 표준인 ISO 26262 "Road vehicles – FUSA$^{FUnctional SAfety}$"[3]와 ISO 21448 "Road vehicles – SOTIF$^{Safety Of The Intended Functionality}$"[124]를 정의한다. FUSA는 시스템 장애로 인한 안전하지 않은 동작을 다루는 반면, SOTIF는 시스템 장애가 발생하지 않았을 때 의도한 기능으로 인한 안전하지 않은 동작을 다룬다.

ISO 26262는 잠재적 위험 심각도, 노출, 제어 가능성의 요인을 분석함으로써 안전 요구사항을 정의하는 데 도움을 주는 ASIL$^{Automotive Safety Integrity Level}$을 정의한다. 발생할 수 있는 오작동을 식별하고 관련 위험을 평가하는 이 단계를 HARA^{Hazard}

Analysis and Risk Assessment, 위험 분석 및 위험 평가라고 한다. 예를 들면, AEB 시스템은 브레이크를 개입시키기 위한 제어 동작을 생성할 수 있다. 발생 가능한 관련 위험 중 하나는 브레이크가 활성화 돼서는 안 될 때 활성화되는 것이다. 이러한 제어 동작에는 관련된 안전 목표도 있을 것이다. 브레이크 제어기는 필요할 때만 브레이크를 개입시켜야 하므로 각 시스템 구성요소가 FUSA[125]를 준수하도록 센서, 전자 장치, 기계 장치에 대한 안전 요구사항이 있어야 한다. FUSA는 A(최저 무결성 수준)부터 D(최고 무결성 수준)까지 네 가지의 ASIL 수준뿐만 아니라 어떠한 안전 요구사항과도 관련이 없는 위험에 대한 QM Quality Management도 식별한다. 차량 내 ASIL-D 등급 애플리케이션의 몇 가지 좋은 예는 AEB, ABS, ESC, 에어백 전개다.

ASIL-D 등급 시스템은 기능의 완전한 손실이 없다는 것을 보장해야만 하므로 이러한 시스템 구성요소(하드웨어 및 소프트웨어)의 요구 사항은 매우 까다롭다. 이상적으로는 각 요소의 등급이 ASIL-D여야 하지만 이는 높은 개발 비용을 초래한다. ISO 26262는 안전 목표에 기여하는 각 요소에 대한 중복성, 충분한 독립성(다양성)을 이용해 원하는 ASIL 등급을 달성하기 위한 수단으로 ASIL 분해라는 것을 정의한다. ASIL-D에서 요구하는 AEB의 예에서는 전방 장애물을 확인하는 다중 ASIL-B 센서 체계(카메라, 레이더, 라이다)로 인지 부분을 달성할 수 있다. 다중 센

150

서 체계에서는 중복성을 제공하는데, 이는 하나의 센서가 고장 난 경우에도 다른 센서가 여전히 그 영역을 커버함을 의미한다. 또한 각 센서 체계는 서로 다른 조건 하에서 가장 잘 동작하기 때문에 다양성도 제공한다. 예를 들면, 기존의 컴퓨터 비전(2장을 상기해보면, 컴퓨터가 시각적으로 인간처럼 인지하도록 만들기 위해 노력하는 학문)을 제1경로, AI 기반 알고리즘을 제2경로로 실행함으로써 전방 장애물을 탐지하는 소프트웨어 레이어에 동일한 방법론을 적용할 수 있다. 이러한 두 가지는 서로 중복되고 다양하며, 동일한 안전 목표에 도달하기 위해 서로를 보완한다.

SOTIF[124]로 알려진 표준은 FUSA를 보완하고 안전에 대한 기대치를 높인다. 시스템 내의 모든 구성요소는 물리적(센서 등)이든 수학적(특히 알고리즘)이든 모든 조건 하에서 설계된대로 작업을 수행해야만 한다. SOTIF는 기능 완결성에 초점을 맞춘다. 차량, 차로 표식, 보행자, 자전거 이용자 등을 인식하는 의도된 기능을 가진 개체 인식 알고리즘을 예로 들면, 딥러닝과 같은 ML 알고리즘 사용을 통해 이러한 의도된 기능의 완결성 수준이 향상된다[126]. 그러나 머신러닝은 안전 인증을 받을 때 안전이라는 맥락 안에서 특정 제한과 이슈에 시달린다. ML 알고리즘은 비결정론적 동작을 할 수가 있고, 평가하기 어려울 수 있고(특히 딥러닝의 히든 레이어 내에서 무엇이 발생하는지에 대한 제한적 가시성), 학습 단계에서 사용되는 특정 데이터에 대한 강한 의존성을 보일 때 불안정한 결과를 생성할 수도 있다[127].

ML 알고리즘을 사용하면 VnV^{Verification and Validation}도 더 어려워진다. 일반적으로 VnV 프로세스는 소프트웨어에 버그가 없으며 코딩 가이드라인 및 표준을 따른다. 그러나 VnV 승인이 반드시 예상되는 동작을 보장하는 것만은 아니다. 드문 상황 및 시나리오에서는 여전히 안전하지 않은 동작을 생성할 수도 있다. 딥러닝 알고리즘은 2012년 이래로 기존 컴퓨터 비전 알고리즘의 한계를 뛰어넘었다[44]. 그리고 비록 DL^{Deep Learning}이 모든 작업에 대해 CV^{Computer Vision}를 대체할 수는 없더라도, 이미지 처리, 패턴 인식, 장면 이해 측면에서는 CV보다 훨씬 더 나은 성능을 제공한다는 것은 분명하다. 이는 다양한 조건 하에서 의도한 기능의 성능이 개선됐으므로 SOTIF가 상향됨을 의미한다.

AI와 차량 보안

자동차 산업에서 사이버 보안은 점점 더 중요해지고 있다. 차량은 점차 다양한 외부 시스템 및 액터와 더 많이 연결돼 다양한 차량 통신 시스템(V2X^{Vehicle-to-Everything}로 통칭)을 통한 사이버 공격의 가능성이 증가한다[128]. 여기에는 V2D^{Vehicle-to-Device} 통신이 포함되는데 휴대폰에서 음악을 재생하거나 차량의 블루투스Bluetooth 연결을 통해 전화를 받을 수 있도록 하는 인포테인먼트 시스템 또는 원격 키리스 엔트리 시스템 등이 있다. V2X에는 V2I Vehicle-to-Infrastructure도 포함되며, 그 예로는 차량이 신호등과 통신하는 것이 있다. 또한 차량이 실시간 위치 및 속도 정보를 교환하는 V2V Vehicle-to-Vehicle도 포함되는데, 예를 들면 공유된 시스템 정보 덕분에 여러 차량이 하나의 그룹으로 매우 가까이에서 함께 주행하는 군집 주행 유스 케이스가 있다. 이 기술은 다가오는 위험 등에 대해 근처의 다른 도로 이용자와 더욱 종합적인 정보 교환도 가능하게 한다. 차량이 다양한 유형의 데이터를 교환한 다음 클라우드 기반 인프라에서 저장 및 처리하는 V2N Vehicle-to-Network도 있다. 심지어는 보행자 관련 사고를 예방하는 데 도움을 주기 위해 특정 신호를 모바일 앱으로 전송함으로써 차량과 보행자 간 통신하는 V2P Vehicle-to-Pedestrian 사례도 있다[129].

이러한 모든 통신 사례에서는 외부의 상대편(예: 스마트폰, 클라우드, 인프라)과의 연결에서 오는 취약성으로 인해 사이버 공격이 가능한 액세스 포인트가 된다. 하지만 차량은 내부 시스템을 통한 경로로 보내는 사이버 공격을 당할 수도 있다. 사실 이더넷Ethernet, CAN Controller Area Network, LIN, FlexRay, USB를 포함한 주행 ECU 하드웨어에 내장된 모든 시스템은 공격의 잠재적 통로가 될 수 있다. 예를 들면, 스티어링 휠 각도, 제동 강도 수준과 같이 안전이 필수적인 모든 차량 제어 메시지는 인증(메시지가 실제로 전송자 본인으로부터 온 것임을 확인) 및 검증(메시지가 전송 중 변조되지 않았는지 확인)할 필요가 있다. 네트워크 메시지는 다양한 방식으로 변조될 수 있다. 악의적인 장치가 메시지를 손상시킬 수도 있고, 센서가 가짜 교통 표지판이나 가짜 도로 개체와 같은 스푸핑된 정보를 포착할 수도 있다.

누군가는 차량 자체에서 한 발짝 벗어나 다양한 소프트웨어 취약성을 관찰할 수 있는 차량 주변의 전체 디지털 생태계에 초점을 맞출 수도 있다. 이러한 약점은 맬웨어를 설치해 차량 데이터를 노출하거나 심지어는 차량의 문 제어에 액세스할 수도 있는 OEM 백엔드 서비스 내에 존재할 수 있다. EV^Electric Vehicle 가정용 충전기와 같은 서드 파티 서비스는 가정용 와이파이^Wi-Fi 또는 카 셰어링 앱을 통해서도 액세스할 수 있다. 생산 및 유지보수 인프라가 맬웨어에 감염되면 생산 라인에 심각한 지장을 초래하고 심지어는 여러 공장에서 생산이 중단될 수도 있다[130]. 생태계 전반에 걸친 이러한 취약점에는 차량의 전체 라이프 사이클에 대한 사이버 보안 전략을 필요로 한다. 이를 목적으로 법규와 표준이 정의되고 있다. 이러한 노력에는 UNECE^UN Economic Commission for Europe 산하 "World Forum for Harmonization of Vehicle Regulations(WP.29)"와 ISO/

SAE 21434 "Road vehicles – Cybersecurity engineering" 등이 있다.

UNECE와 ISO의 향후 표준은 모두 "설계에 의한 보안security by design"에 중점을 두는데, 이는 OEM이 초기 개발 단계부터 보안을 염두에 두도록 권장함으로써 차량의 네트워킹으로 인해 직간접적으로 증가하는 취약성에 대응하기 위한 것이다. 목표는 차량 및 차량 생태계의 모든 하드웨어와 소프트웨어를 사이버 보안 이슈와 연관지어 설계, 구현, 시험해 올바른 완화 방안이 마련돼 있음을 보장하는 것이다. ISO 표준인 SPICE Software Process Improvement and Capability Determination와 ISO 26262에서 "V 모델V model"(제품 개발의 여러 단계에 대한 참조 프로세스 모델)과 HARAHazard Analysis and Risk Assessment를 모두 정의하는 방식과 유사하게, 리스크 관리라는 맥락에서도 보안을 위한 "V" 버전이 있다. 이 방법은 모든 공격을 마주하는 모니터링 및 대응 프로세스를 통해 소프트웨어 패치와 전체 취약성 모두에 대한 지속적인 관리를 시행한다. 또한 개발 라이프 사이클의 시작부터 TARAThreat Analysis and Risk Assessment를 바로 적용한다[131].

자동차 산업 분야에서는 다양한 사이버 위협이 발생할 수 있다[132, 133]. 이러한 위협으로는 공격자가 시스템에 대한 액세스 권한을 얻기 위해 인증된 사용자인 것처럼 위장하는 마스커레이딩masquerading, 사용자가 비보안 네트워크를 통해 데이터를 송수신하는 동안 공격자가 해당 데이터에 액세스하는 도청 eavesdropping (스니핑 sniffing, 스누핑 snooping 이라고도 함), 공격자가 멀웨어를 퍼뜨리거나 데이터를 훔치거나 심지어는 제어하기 위해 합법적인 장치 또는 합법적인 사용자를 사칭하는 스푸핑 spoofing, 시스템의 대역폭 및 리소스가 과도해져 예정된 기능의 수행을 막고 잠재적으로는 시스템 충돌을 일으킬 수도 있도록 하는 DoS Denial of Service 가 있다. 이것들은 샘플 목록임에 주목하자. 보다 많은 사이버 위협이 존재하며, 새로운 위협도 상당히 정기적으로 나타난다. 이러한 위협들 모두 제동 상실, 조향 제어 상실과 같은 시스템 장애로 인해 운전자 및 다른 도로 이용자에게 직접적인 영향을 미치는 심각한 결과로 이어질 수 있다. 소위 "지프 공격 Jeep attack"이라 하는 사건은 인포테인먼트 시스템의 연결성이 원인이 된 사이버 보안 취약점을 보여줬다. 지프 Jeep 차량의 외부 연결 인포테인먼트 ECU도 차량의 내부 네트워크에 연결됐으며, 보안 허점을 악용해 원격으로 차량을 제어했다. 다른 매우 부정적인 사건으로는 GPS Global Positioning System 탈취, 개인 데이터 도난 등이 있을 수 있다.

OEM의 입장에서는 이러한 공격이 쉽게 브랜드 이미지를 손상시키고 상업적 손실로 이어질 수 있다. 공격 예방은 HSM Hardware Security Module과 같은 하드웨어 내장 솔루션에서 출발한다. HSM은 그 중에서도 진정한 난수 생성기와 보안 키 저장

소의 사용을 통해 가속화된 암호키 연산과 더 나은 암호화 프로세스를 제공하는 전용 보안 하드웨어의 한 형태다. 그러나 하드웨어만으로는 모든 보안 위협을 해결할 수 없다. 인증, 디지털 서명, PKI^{Public Key Infrastructure}, 보안 부팅, 보안 통신 프로토콜을 가능하도록 하기 위해서는 잠재적으로 AI와 딥러닝을 사용하는 추가 지원 소프트웨어 구성요소를 이용해야만 한다[134].

사이버 보안이라는 맥락에서 AI는 양날의 검으로 볼 수 있다. 반복적인 방어 작업을 자동화함으로써 사이버 공격으로부터 보호하는 데 확실히 도움이 되지만 그와 동시에 딥러닝, 강화학습, 서포트 벡터 머신, 기타 ML 알고리즘을 통해 해커가 훨씬 더 복잡하고 진보된 공격을 가하는 데 사용될 수도 있다[135]. ML을 사용한 보호용 사이버 보안 접근법[128]은 지도학습, 비지도학습, 강화학습의 범주로 나눌 수 있다. 지도학습 모델은 인간이 레이블링한 데이터를 통해 학습된 후 특정 작업을 처리할 수 있지만 일반화할 수 없다. 다시 말하면, 다른 작업에는 적용할 수 없다. 몇 가지 예로는 LSTM^{Long Short-Term Memory}[136], RNN^{Recurrent Neural Network}, GAN^{Generative Adversarial Network}[137]이 있다. 비지도학습 모델은 차량 내의 레이블이 지정되지 않은 다양한 데이터 스트림을 분석해 비정상 및 이상 동작을 찾는 것을 기반으로 하며, 그 예로는 히든 레이어를 가진 딥 오토인코더와 같은 DBN^{Deep Belief Network}이 있다[138]. 강화학습 방식은 가장 덜 입증된 접근법이지만 다양한 사이버 보안 솔루션을 일반화 및 제공한다는 측면에서 매우 유망하다. 다양한 심층강화학습방식[139]이 존재하는데, 예를 들면 LSTM, 전결합층, 회귀의 조합은 해커가 AV 센서 판독값에 잘못된 데이터를 삽입하려고 시도하는 인젝션injection 공격으로부터 방어하는 데 사용된다.

자동차 산업에서는 항공우주, 기술, 중요 인프라와 같은 다른 산업에서 이미 수행되고 있는 것과 유사한 보안 소프트웨어를 개발 및 구현하기 위해 새로운 인재와 역량이 필요할 것이다. 후속 자동차 표준과 더불어 이러한 사례를 배우면 하드웨어, 소프트웨어, 전체 개발 라이프 사이클에 대한 모범 사례의 기초를 다질 수 있을 것이다. 최신 보안 위협에 뒤쳐지지 않기 위해서는 항상 중요한 과제가 뒤따를 것이다. 이는 특히 긴 수명을 가진 제품과 관련이 있다.

요약

자동차 산업의 미래는 소프트웨어와 함께 펼쳐질 것이다. 차량 내부의 AI 기반 소프트웨어로 차량의 일부 또는 전체를 작동시키거나, 자연어 처리를 통해 운전자를 보조하거나, 차량 외부에서 대규모 모빌리티 서비스 및 물류를 관리하거나, 단순히 승객의 안전 및 편안함 개선에 도움이 될 수 있는 다양한 데이터 소스를 분석하는 등 궁극적으로는 고객을 만족시킨다. 소프트웨어 정의 차량과 그 주변의 인프라가 표준이 될 것이다. 소프트웨어 정의 차량은 OTA로 업데이트를 수신할 뿐만 아니라 센서 및 이용량 데이터를 클라우드로 보내기 위해 연결성이 필요할 것이다. 그러므로 연결성은 고객 만족도를 높이기 위해 기능을 더욱 개선 및 개발하는 것이 핵심이다. 새로운 기능을 모듈 방식으로 학습하든 엔드 투 엔드 방식으로 학습하든 데이터는 매우 가치있는 자산이다. 드문 상황 또는 이미 상당히 견고한 유스 케이스에서 단순히 신뢰성을 높이고자 할 때, AI 알고리즘에 더 많은 개발 시간이 투입돼야 할 곳이 어디인지 이해하려면 데이터가 필수적이다.

AI 알고리즘은 데이터 주도적이며, 통계적으로 관련성 있는 결과를 생성하기 위해 풍부한 양의 데이터에 의존한다. 후자는 충분한 기능적 안전성을 달성하고 각 소프트웨어 구성요소의 의도된 기능이 수행되는 것을 보장하기 위한 필수품이다. 이러한 맥락에서 최근 DL 알고리즘이 이미지 인식, 안전성 향상 등의 측면에서 이전의 방식을 어떻게 능가하는지 논의했다. 또한 AI 알고리즘은 기존 기법에 다양한 방식을 도입해 ASIL 분해라는 것을 지원하며, 시스템이 더 높은 ASIL 등급에 도달 가능하도록 한다. 특히 엔드 투 엔드 솔루션은 AI 기반 알고리즘을 검증 및 유효성 검사하는 것이 여전한 과제로 남아있다. 하지만 이를 수행하기 위한 올바른 방법론을 합의하는 데에는 시간 문제일 뿐이다.

소프트웨어 정의 차량은 항상 연결돼 있는 IoT 세상에서 가장 정교한 개체일 것이다. 이는 익명성과 사이버 보안 측면에서의 주요 과제를 제시한다. 다양한 사이버 공격이 차량 탑승자와 다른 도로 이용자의 평안함을 어떻게 위협할 수 있는지 살펴봤다. OTA 업데이트 또는 외부 환경과의 기타 통신으로 발생될 수 있는 소프트웨어나 기타 시스템의 손상으로부터 보호하기 위한 사이버 보안 방안의 구현은 반드시 해야 한다. 해커는 개인 정보를 훔치거나 최악의 경우에는 차량을 제어할 수도 있다. 따라서 하드웨어 및 소프트웨어의 사이버 보안(차량 내부 및 주변 인프라 모두)은 제품의 전체 라이프 사이클 동안 보장돼야만 한다.

마지막으로, 이번 장에서는 AI가 사이버 보안에 있어 양날의 검이라는 것을 알았다. AI는 사이버 공격을 탐지 및 방어하는 데 사용되고 있다. 다른 한편으로는 새로운 취약점을 발견해 더욱 정교한 공격을 가하는 데에도 사용되고 있다.

모든 것이 도전 과제이며 답이 없는 질문임에도 불구하고, AI는 의심할 여지 없이 자동차 기술에서 점점 더 중요한 역할을 하고 있다. 이러한 발전을 고려했을 때, AI의 잠재력에 대한 더 높은 이해는 우리가 나아가야 할 방향을 잘 알려줄 수 있는 유일한 길이다.

더 읽을거리

- 세바스찬 스런[S. Thrun], 볼프람 부르가트[W. Burgard], 디터 폭스[D. Fox]
  의 『확률론적 로보틱스』(에이콘, 2020)

- 후안 안토니오 페르난데즈 매드리갈[J.-A. Fernández-Madrigal]의
  『Simultaneous Localization and Mapping for Mobile Robots』
  (IGI global, 2012)

- 디트마르 야나치[D. Jannach], 마르쿠스 잰커[M. Zanker], 알렉산더 펠퍼
  닉[A. Felfernig], 게르하르트 프리드리히[G. Friedrich]의 『Recommender
  Systems: An Introduction』(Cambridge University Press, 2010)

- 케빈 머피[K.P. Murphy]의 『Machine Learning 머신러닝』(에이콘,
  2015)

- 샤이 샬리스워츠[S. Shalev-Shwartz], 샤이 벤데이비드[S. Ben-David]의
  『Understanding Machine Learning』(Cambridge University press,
  2014)

- 행키 샤프리의 『자율주행차량 기술 입문』(에이콘, 2021)

참고문헌

[1] Edureka, "Artificial Intelligence Algorithms: All you need to know," 2020. https://www.edureka.co/blog/artificial-intelligence-algorithms/ (accessed Oct. 01, 2020).

[2] E. Sax, R. Reussner, H. Guissouma, and H. Klare, "A Survey on the State and Future of Automotive Software Release and Configuration Management," 2017. doi: 10.5445/IR/1000075673.

[3] S. Singh, "Critical Reasons for Crashes Investigated in the National Motor Vehicle Crash Causation Survey," vol. 2018, no. April, pp. 1 – 3, 2018.

[4] SAE International, "Taxonomy and Definitions for Terms Related to Driving Automation Systems for On-Road Motor Vehicles," SAE Int., 2016.

[5] W. Hulshof, I. Knight, A. Edwards, M. Avery, and C. Grover, "Autonomous emergency braking test results," Proc. 23rd Int. Tech. Conf. Enhanc. Saf. Veh., pp. 1 – 13, 2013, [Online]. Available: http://www-nrd.nhtsa.dot.gov/Pdf/ESV/esv23/23ESV-000168.pdf.

[6] H. Sjafrie, Introduction to Self-Driving Vehicle Technology. CRC Press, 2019.

[7] A. Krizhevsky, I. Sutskever, and G. E. Hinton, "ImageNet classification with deep convolutional neural networks," Adv. Neural Inf. Process. Syst., vol. 2, pp. 1097–1105, 2012.

[8] Z.-Q. Z. Wu, P. Zheng, and S. Xu, "Object Detection with Deep Learning : A Review," pp. 1–21, 2018.

[9] J. S. D. R. G. A. F. Redmon, "(YOLO) You Only Look Once," Cvpr, 2016, doi: 10.1109/CVPR.2016.91.

[10] W. Liu et al., "SSD: Single shot multibox detector," Lect. Notes Comput. Sci. (including Subser. Lect. Notes Artif. Intell. Lect. Notes Bioinformatics), vol. 9905 LNCS, pp. 21–37, 2016, doi: 10.1007/978−3−319−46448−0_2.

[11] E. Yurtsever, J. Lambert, A. Carballo, and K. Takeda, "A Survey of Autonomous Driving: Common Practices and Emerging Technologies," 2019, [Online]. Available: http://arxiv.org/abs/1906.05113.

[12] L. C. Chen, G. Papandreou, I. Kokkinos, K. Murphy, and A. L. Yuille, "DeepLab: Semantic Image Segmentation with Deep Convolutional Nets, Atrous Convolution, and Fully Connected CRFs," IEEE Trans. Pattern Anal. Mach. Intell., vol. 40, no. 4, pp. 834–848, 2018, doi: 10.1109/ TPAMI.2017.2699184.

[13] A. Paszke, A. Chaurasia, S. Kim, and E. Culurciello, "ENet: A Deep Neural Network Architecture for Real−Time Semantic Segmentation," no. June 2016, 2016, [Online]. Available: http://arxiv.org/abs/1606.02147.

[14] M. Siam, S. Elkerdawy, and M. Jagersand, "Deep Semantic Segmentation for Automated Driving : Taxonomy , Roadmap and Challenges."

[15] A. Pfeuffer, K. Schulz, K. Dietmayer, and C. V May, "Semantic Segmentation of Video Sequences with Convolutional LSTMs."

[16] Y. Lyu, L. Bai, and X. Huang, "Road Segmentation Using CNN and Distributed LSTM."

[17] J. Wu, J. Jiao, Q. Yang, Z. J. Zha, and X. Chen, "Ground −aware point cloud semantic segmentation for auto nomous driving," MM 2019 − Proc. 27th ACM Int. Conf. Multimed., pp. 971−979, 2019, doi: 10.1145/3343031. 3351076.

[18] J. G. López, A. Agudo, and F. Moreno−Noguer, "3D vehicle detection on an FPGA from LIDAR point clouds," ACM Int. Conf. Proceeding Ser., pp. 21−26, 2019, doi: 10.1145/3369973.3369984.

[19] F. Zhao, J. Wang, and M. Liu, "CDSVR: An effective curb detection method for self−driving by 3D lidar," ACM Int. Conf. Proceeding Ser., pp. 38−42, 2019, doi: 10.1145/ 3325693.3325695.

[20] B. Paden, M. Čáp, S. Z. Yong, D. Yershov, and E. Frazzoli, "A survey of motion planning and control techniques for self−driving urban vehicles," IEEE Trans. Intell. Veh., vol. 1, no. 1, pp. 33−55, 2016, doi: 10.1109/ TIV.2016.2578706.

[21] D. Connell and H. Manh La, "Extended rapidly exploring random tree‒based dynamic path planning and replanning for mobile robots," Int. J. Adv. Robot. Syst., vol. 15, no. 3, pp. 1‒15, 2018, doi: 10.1177/1729881418773874.

[22] C. Xi, T. Shi, Y. Li, and J. Wang, "An Efficient Motion Planning Strategy for Automated Lane Change based on Mixed‒Integer Optimization and Neural Networks," Comput. Res. Repos., 2019, [Online]. Available: http://arxiv.org/abs/1904.08784.

[23] Z. Bai, B. Cai, W. Shangguan, and L. Chai, "Deep Learning Based Motion Planning for Autonomous Vehicle Using Spatiotemporal LSTM Network," Proc. 2018 Chinese Autom. Congr. CAC 2018, pp. 1610‒1614, 2019, doi: 10.1109/CAC.2018.8623233.

[24] X. Jin, G. Yin, and N. Chen, "Advanced estimation techniques for vehicle system dynamic state: A survey," Sensors (Switzerland), vol. 19, no. 19, pp. 1‒26, 2019, doi: 10.3390/s19194289.

[25] S. Grigorescu, B. Trasnea, T. Cocias, and G. Macesanu, "A survey of deep learning techniques for autonomous driving," J. F. Robot., vol. 37, no. 3, pp. 362‒386, 2020, doi: 10.1002/rob.21918.

[26] International Organization for Standardization, "Road vehicles — Functional safety (Standard No. 26262:2018)," 2018. https://www.iso.org/standard/68383.html (accessed Aug. 09, 2020).

[27] A. Greenberg, "Hackers remotely kill a Jeep on the high way—with me in it," Wired, vol. 7, p. 21, 2015.

[28] A. Fischer, Bosch and Daimler obtain approval for driverless parking without human supervision. 2019.

[29] C. Unger, E. Wahl, and S. Ilic, "Parking assistance using dense motion–stereo," Mach. Vis. Appl., vol. 25, no. 3, pp. 561 – 581, Apr. 2014, doi: 10.1007/s00138–01103 85–1.

[30] F. Abad, R. Bendahan, S. Wybo, S. Bougnoux, C. Vestri, and T. Kakinami, "Parking space detection," in 14th World Congress on Intelligent Transport Systems, ITS 2007, 2007.

[31] F. Ghallabi, F. Nashashibi, G. El–Haj–Shhade, and M.–A. Mittet, "LIDAR–Based Lane Marking Detection For Vehicle Positioning in an HD Map," in 2018 21st International Conference on Intelligent Transportation Systems (ITSC), Nov. 2018, pp. 2209 – 2214, doi: 10.1109/ITSC.2018. 8569951.

[32] J. Petereit, T. Emter, C. W. Frey, T. Kopfstedt, and A. Beutel, "Application of Hybrid A* to an Autonomous Mobile Robot for Path Planning in Unstructured Outdoor Environments," Robot. 2012; 7th Ger. Conf. Robot., 2012.

[33] O. Amidi and C. Thorpe, "Integrated mobile robot control," Fibers' 91, Boston, MA, 1991.

[34] S. Thrun et al., "Stanley: The robot that won the DARPA Grand Challenge," Springer Tracts Adv. Robot., 2007, doi: 10.1007/978–3–540–73429–1_1.

[35] J.-A. Fernández-Madrigal, Simultaneous Localization and Mapping for Mobile Robots: Introduction and Methods: Introduction and Methods. IGI global, 2012.

[36] R. Smith, M. Self, and P. Cheeseman, "Estimating Uncertain Spatial Relationships in Robotics* *The research reported in this paper was supported by the National Science Foundation under Grant ECS-8200615, the Air Force Office of Scientific Research under Contract F49620 -84-K-0007, and by Gene," in Machine Intelligence and Pattern Recognition, 1988, pp. 435-461.

[37] M. Montemerlo, S. Thrun, D. Koller, and B. Wegbreit, "FastSLAM: A factored solution to the simultaneous localization and mapping problem," in Proceedings of the National Conference on Artificial Intelligence, 2002.

[38] G. Grisetti, R. Kummerle, C. Stachniss, and W. Burgard, "A tutorial on graph-based SLAM," IEEE Intell. Transp. Syst. Mag., 2010, doi: 10.1109/MITS.2010.939925.

[39] N. Fairfield and C. Urmson, "Traffic light mapping and detection," in Proceedings - IEEE International Conference on Robotics and Automation, 2011, doi: 10.1109/ICRA.2011.5980164.

[40] L. Zhou and Z. Deng, "LIDAR and vision-based real-time traffic sign detection and recognition algorithm for intelligent vehicle," in 2014 17th IEEE International Conference on Intelligent Transportation Systems, ITSC 2014, 2014, doi: 10.1109/ITSC.2014.6957752.

[41] M. Soilán, B. Riveiro, J. Martínez–Sánchez, and P. Arias, "Traffic sign detection in MLS acquired point clouds for geometric and image–based semantic inventory," ISPRS J. Photogramm. Remote Sens., 2016, doi: 10.1016/j.isprsjprs.2016.01.019.

[42] R. Schram, A. Williams, M. van Ratingen, J. Strandroth, A. Lie, and M. Paine, "NEW NCAP TEST AND ASSESSMENT PROTOCOLS FOR SPEED ASSISTANCE SYSTEMS, A FIRST IN MANY WAYS," 2013.

[43] Euro NCAP, "Assessment Protocol – Overall Rating v9.0.1," Euro NCAP Protoc., 2020.

[44] G. Piccioli, E. De Micheli, P. Parodi, and M. Campani, "Robust method for road sign detection and recognition," Image Vis. Comput., vol. 14, no. 3, pp. 209–223, Apr. 1996, doi: 10.1016/0262–8856(95)01057–2.

[45] S. Maldonado–Bascon, S. Lafuente–Arroyo, P. Gil–Jimenez, H. Gomez–Moreno, and F. Lopez–Ferreras, "Road–Sign Detection and Recognition Based on Support Vector Machines," IEEE Trans. Intell. Transp. Syst., vol. 8, no. 2, pp. 264–278, Jun. 2007, doi: 10.1109/TITS.2007.895311.

[46] F. Zaklouta and B. Stanciulescu, "Real–time traffic sign recognition in three stages," Rob. Auton. Syst., vol. 62, no. 1, pp. 16–24, Jan. 2014, doi: 10.1016/j.robot.2012.07.019.

[47] J. Stallkamp, M. Schlipsing, J. Salmen, and C. Igel, "The German Traffic Sign Recognition Benchmark: A multi-class classification competition," in Proceedings of the International Joint Conference on Neural Networks, 2011, doi: 10.1109/IJCNN.2011.6033395.

[48] F. Larsson and M. Felsberg, "Using Fourier descriptors and spatial models for traffic sign recognition," in Lecture Notes in Computer Science (including subseries Lecture Notes in Artificial Intelligence and Lecture Notes in Bioinformatics), 2011, doi: 10.1007/978-3-642-21227-7_23.

[49] A. Mogelmose, D. Liu, and M. M. Trivedi, "Detection of U.S. Traffic Signs," IEEE Trans. Intell. Transp. Syst., vol. 16, no. 6, pp. 3116-3125, Dec. 2015, doi: 10.1109/TITS.2015.2433019.

[50] U. Nations, "No. 16743. Convention on road signs and signals. Concluded at Vienna on 8 November 1968," 1998, pp. 466-466.

[51] NHTSA, "Distracted driving in fatal crashes, 2017," 2019. doi: DOT HS 811 379.

[52] World Health Organization (WHO) and WHO, "Mobile Phone Use: A Growing Problem of Driver Distraction," Technology, 2011.

[53] Euro NCAP, "Euro NCAP 2025 Roadmap: In pursuit of Vision Zero," Euro NCAP Rep., 2017.

[54] T. Ranney, E. Mazzae, R. Garrott, and M. Goodman, "NHTSA driver distraction research: Past, present, and future," USDOT, Natl. Highw. Traffic Saf. Adm., 2000.

[55] J. L. Hossain, P. Ahmad, L. W. Reinish, L. Kayumov, N. K. Hossain, and C. M. Shapiro, "Subjective fatigue and subjective sleepiness: Two independent consequences of sleep disorders?," J. Sleep Res., 2005, doi: 10.1111/j.1365 −2869.2005.00466.x.

[56] B. Fischler, "Review of clinical and psychobiological dimensions of the chronic fatigue syndrome: Differentiation from depression and contribution of sleep dysfunctions," Sleep Medicine Reviews. 1999, doi: 10.1016/S1087 −0792(99)90020−5.

[57] T. J. Balkin and N. J. Wesensten, "Differentiation of sleepiness and mental fatigue effects.," in Cognitive fatigue: Multidisciplinary perspectives on current research and future applications., 2010.

[58] NHTSA, "Visual−manual NHTSA driver distraction guidelines for in−vehicle electronic devices," Docket No. NHTSA−2010−0053, 2013.

[59] P. Viola and M. Jones, "Rapid object detection using a boosted cascade of simple features," in Proceedings of the IEEE Computer Society Conference on Computer Vision and Pattern Recognition, 2001, doi: 10.1109/ cvpr.2001.990517.

[60] L. T. Nguyen–Meidine, E. Granger, M. Kiran, and L. A. Blais–Morin, "A comparison of CNN–based face and head detectors for real–time video surveillance applications," in Proceedings of the 7th International Conference on Image Processing Theory, Tools and Applications, IPTA 2017, 2018, doi: 10.1109/IPTA.2017.8310113.

[61] S. El Kaddouhi, A. Saaidi, and M. Abarkan, "Eye detection based on the Viola–Jones method and corners points," Multimed. Tools Appl., 2017, doi: 10.1007/s11042–017–4415–5.

[62] K. Kircher and C. Ahlstrom, "Issues related to the driver distraction detection algorithm AttenD," 1st Int. Conf. Driv. Distraction Ina., 2009.

[63] A. E. A. M. Association and others, "ACEA Pocket Guide 2019––2020." p. 53, 2020.

[64] R. A. Bolt, "'Put–that–there,'" ACM SIGGRAPH Comput. Graph., vol. 14, no. 3, pp. 262–270, Jul. 1980, doi: 10.1145/965105.807503.

[65] C. Van Nimwegen and K. Schuurman, "Effects of gesture–based interfaces on safety in automotive applications," Adjun. Proc. – 11th Int. ACM Conf. Automot. User Interfaces Interact. Veh. Appl. AutomotiveUI 2019, pp. 292–296, 2019, doi: 10.1145/3349263.3351522.

[66] T. Lewin, "The BMW century: The ultimate performance machines," Motorbooks International, 2016, p. 225.

[67] M. Zobl, R. Nieschulz, M. Geiger, M. Lang, and G. Rigoll, "Gesture components for natural interaction with in-car devices," Lect. Notes Artif. Intell. (Subseries Lect. Notes Comput. Sci., vol. 2915, pp. 448–459, 2004, doi: 10.1007/978-3-540-24598-8_41.

[68] K. A. Smith, C. Csech, D. Murdoch, and G. Shaker, "Gesture Recognition Using mm-Wave Sensor for Human-Car Interface," IEEE Sensors Lett., vol. 2, no. 2, pp. 1–4, Jun. 2018, doi: 10.1109/LSENS.2018.2810093.

[69] P. Molchanov, S. Gupta, K. Kim, and K. Pulli, "Multi-sensor system for driver's hand-gesture recognition," in 2015 11th IEEE International Conference and Workshops on Automatic Face and Gesture Recognition (FG), May 2015, pp. 1–8, doi: 10.1109/FG.2015.7163132.

[70] S. S. Rautaray and A. Agrawal, "Vision based hand gesture recognition for human computer interaction: a survey," Artif. Intell. Rev., vol. 43, no. 1, pp. 1–54, Jan. 2015, doi: 10.1007/s10462-012-9356-9.

[71] C. Pearl, Designing Voice User Interfaces: Principles of Conversational Experiences, 1st ed. O'Reilly Media, Inc., 2016.

[72] Y. Lin, J.-B. Michel, E. Lieberman Aiden, J. Orwant, W. Brockman, and S. Petrov, "Syntactic Annotations for the Google Books Ngram Corpus," Jeju, Repub. Korea, 2012.

[73] G. D. Forney, "The Viterbi Algorithm," Proc. IEEE, 1973, doi: 10.1109/PROC.1973.9030.

[74] Daimler, "World premiere at CES 2018: MBUX: A completely new user experience for the new compact cars," Press Release, 2018, [Online]. Available: https://media.daimler.com/marsMediaSite/ko/en/32705627.

[75] G. Tecuci, D. Marcu, M. Boicu, and D. A. Schum, "Introduction," in Knowledge Engineering, Cambridge: Cambridge University Press, 2016, pp. 1–45.

[76] R. Burke, "Hybrid Recommender Systems : Survey and Experiments Hybrid Recommender Systems :," Res. Gate, 2016, doi: 10.1023/A.

[77] A. Livne, M. Unger, B. Shapira, and L. Rokach, "Deep Context-Aware Recommender System Utilizing Sequential Latent Context," 2019.

[78] S. Zhang, L. Yao, A. Sun, and Y. Tay, "Deep learning based recommender system: A survey and new perspectives," ACM Computing Surveys. 2019, doi: 10.1145/3285029.

[79] S. Halder, A. Ghosal, and M. Conti, "Secure over-the-air software updates in connected vehicles: A survey," Comput. Networks, vol. 178, p. 107343, 2020, doi: 10.1016/j.comnet.2020.107343.

[80] D. Shapiro, "Mercedes-Benz, NVIDIA Partner to Build the World's Most Advanced, Software-Defined Vehicles," 2020. https://blogs.nvidia.com/blog/2020/06/23/mercedes-benz-nvidia-software-defined-vehicles/ (accessed Jun. 24, 2020).

[81] M. Ziegler, S. Rossmann, A. Steer, and S. Danzer, "Leading the Way to an AI−driven Organization − Porsche Cos ulting," pp. 1−35, 2019, [Online]. Available: https://www.porsche−consulting.com/fileadmin/docs/04_Medien/Publikationen/SRX04107_AI−driven_Organizations/Leading_the_Way_to_an_AI−Driven_Organization_2019_C_Porsche_Consulting−v2.pdf.

[82] T. Fountaine, B. McCarthy, and T. Saleh, "Building the AI−Powered Organization," HBR, no. August, 2019.

[83] F. Lambert, "Tesla has now 1.3 billion miles of Autopilot data going into its new self−driving program," Electrek, 2016. https://electrek.co/2016/11/13/tesla−autopilot−billion−miles−data−self−driving−program/ (accessed May 30, 2020).

[84] H. Hourani and A. Hammad, "The Impact of Artificial Intelligence on Software Testing," 2019 IEEE Jordan Int. Jt. Conf. Electr. Eng. Inf. Technol. JEEIT 2019 − Proc., pp. 565−570, 2019.

[85] C. E. Tuncali, G. Fainekos, H. Ito, and J. Kapinski, "Simulation−based Adversarial Test Generation for Autonomous Vehicles with Machine Learning Com ponents," IEEE Intell. Veh. Symp. Proc., vol. 2018−June, no. Iv, pp. 1555−1562, 2018, doi: 10.1109/IVS. 2018.8500421.

[86] F. Lambert, "Tesla's fleet has accumulated over 1.2 billion miles on Autopilot and even more in 'shadow mode',

report says — Electrek," Electrek, 2018. https://electrek.
co/2018/07/17/tesla—autopilot—miles—shadow—mode—
report/ (accessed May 21, 2020).

[87] Y. Kang, H. Yin, and C. Berger, "Test your self—driving
algorithm: An overview of publicly available driving
datasets and virtual testing environments," IEEE Trans.
Intell. Veh., vol. 4, no. 2, pp. 171–185, 2019, doi:
10.1109/TIV.2018.2886678.

[88] F. Rosique, P. J. Navarro, C. Fernández, and A. Padilla, "A
systematic review of perception system and simulators for
autonomous vehicles research," Sensors (Switzerland),
vol. 19, no. 3, pp. 1–29, 2019, doi: 10.3390/s19030648.

[89] J. Hanhirova, A. Debner, M. Hyyppä, and V. Hirvisalo, "A
machine learning environment for evaluating autonomous
driving software," 2020, [Online]. Available: http://arxiv.
org/abs/2003.03576.

[90] W. Li, "AADS: Augmented autonomous driving simulation
using data—driven algorithms.," Sci. Robot., vol. 4, no.
28, 2019.

[91] Q. Chao et al., "A Survey on Visual Traffic Simulation:
Models, Evaluations, and Applications in Autonomous
Driving," Comput. Graph. Forum, vol. 39, no. 1, pp. 287
–308, 2019, doi: 10.1111/cgf.13803.

[92] I. J. Goodfellow et al., "Generative adversarial nets," in
Advances in Neural Information Processing Systems,
2014.

[93] M. Y. Liu, T. Breuel, and J. Kautz, "Unsupervised image-to-image translation networks," in Advances in Neural Information Processing Systems, 2017.

[94] X. Ouyang, Y. Cheng, Y. Jiang, C.-L. Li, and P. Zhou, "Pedestrian-Synthesis-GAN: Generating Pedestrian Data in Real Scene and Beyond," CoRR, vol. abs/1804.0, 2018, [Online]. Available: http://arxiv.org/abs/1804.02047.

[95] T. Truong and S. Yanushkevich, "Generative Adversarial Network for Radar Signal Synthesis," in Proceedings of the International Joint Conference on Neural Networks, 2019, doi: 10.1109/IJCNN.2019.8851887.

[96] L. Caccia, H. Van Hoof, A. Courville, and J. Pineau, "Deep Generative Modeling of LiDAR Data," in IEEE International Conference on Intelligent Robots and Systems, 2019, doi: 10.1109/IROS40897.2019.8968535.

[97] R. Meyes, J. Donauer, A. Schmeing, and T. Meisen, "A recurrent neural network architecture for failure prediction in deep drawing sensory time series data," Procedia Manuf., vol. 34, pp. 789–797, 2019, doi: 10.1016/j.promfg.2019.06.205.

[98] H. Khayyam, B. Javadi, M. Jalili, and R. N. Jazar, "Artificial Intelligence and Internet of Things for Autonomous Vehicles," Nonlinear Approaches Eng. Appl., pp. 39–68, 2020, doi: 10.1007/978-3-030-18963-1_2.

[99] A. Nikitas, K. Michalakopoulou, E. T. Njoya, and D. Karampatzakis, "Artificial intelligence, transport and the

smart city: Definitions and dimensions of a new mobility era," Sustain., vol. 12, no. 7, pp. 1–19, 2020, doi: 10.3390/su12072789.

[100] R. Abduljabbar, H. Dia, S. Liyanage, and S. A. Bagloee, "Applications of artificial intelligence in transport: An overview," Sustain., vol. 11, no. 1, 2019, doi: 10.3390/su11010189.

[101] R. Prytz, Machine learning methods for vehicle predictive maintenance using off–board and on–board data, no. 9. 2014.

[102] M. Uricar, P. Krizek, G. Sistu, and S. Yogamani, "Soiling Net: Soiling Detection on Automotive Surround–View Cameras," 2019 IEEE Intell. Transp. Syst. Conf. ITSC 2019, pp. 67–72, 2019, doi: 10.1109/ITSC.2019.8917178.

[103] M. Woschank, E. Rauch, and H. Zsifkovits, "A review of further directions for artificial intelligence, machine learning, and deep learning in smart logistics," Sustain., vol. 12, no. 9, 2020, doi: 10.3390/su12093760.

[104] Y. Ran, X. Zhou, P. Lin, Y. Wen, and R. Deng, "A Survey of Predictive Maintenance: Systems, Purposes and Approaches," vol. XX, no. Xx, pp. 1–36, 2019, [Online]. Available: http://arxiv.org/abs/1912.07383.

[105] U. Shafi, A. Safi, A. R. Shahid, S. Ziauddin, and M. Q. Saleem, "Vehicle remote health monitoring and prognostic maintenance system," J. Adv. Transp., vol. 2018, 2018, doi: 10.1155/2018/8061514.

[106] V. F. A. Meyer, "Challenges and Reliability of Predictive Maintenance," no. March, p. 16, 2019, doi: 10.13140/ RG.2.2.35379.89129.

[107] K. Korishchenko, I. Stankevich, N. Pilnik, and D. Petrova, "Usage-Based Vehicle Insurance: Driving Style Factors of Accident Probability and Severity," 2019, [Online]. Available: http://arxiv.org/abs/1910.00460.

[108] S. Arumugam and R. Bhargavi, "A survey on driving behavior analysis in usage based insurance using big data," J. Big Data, vol. 6, no. 1, 2019, doi: 10.1186/ s40537-019-0249-5.

[109] M. Soleymanian, C. B. Weinberg, and T. Zhu, "Sensor data and behavioral tracking: Does usage-based auto insurance benefit drivers?," Mark. Sci., vol. 38, no. 1, pp. 21-43, 2019, doi: 10.1287/mksc.2018.1126.

[110] J. F. Júnior et al., "Driver behavior profiling: An investigation with different smartphone sensors and machine learning," PLoS One, vol. 12, no. 4, pp. 1-16, 2017, doi: 10.1371/journal.pone.0174959.

[111] Z. Chen, J. Yu, Y. Zhu, Y. Chen, and M. Li, "D3: Abnormal driving behaviors detection and identification using smartphone sensors," 2015 12th Annu. IEEE Int. Conf. Sensing, Commun. Networking, SECON 2015, pp. 524-532, 2015, doi: 10.1109/SAHCN.2015.7338354.

[112] H. Chen and L. Chen, "Support vector machine classification of drunk driving behaviour," Int. J. Environ.

Res. Public Health, vol. 14, no. 1, 2017, doi: 10.3390/ijerph14010108.

[113] J. Zhang et al., "A deep learning framework for driving behavior identification on in-vehicle CAN-BUS sensor data," Sensors (Switzerland), vol. 19, no. 6, pp. 6-8, 2019, doi: 10.3390/s19061356.

[114] S. Shalev-Shwartz and A. Shashua, "On the Sample Complexity of End-to-end Training vs. Semantic Abstraction Training," pp. 1-4, 2016, [Online]. Available: http://arxiv.org/abs/1604.06915.

[115] M. Bojarski et al., "End to End Learning for Self-Driving Cars," pp. 1-9, 2016, [Online]. Available: http://arxiv.org/abs/1604.07316.

[116] M. Bojarski et al., "Explaining How a Deep Neural Network Trained with End-to-End Learning Steers a Car," pp. 1-8, 2017, [Online]. Available: http://arxiv.org/abs/1704.07911.

[117] F. Codevilla, M. Miiller, A. Lopez, V. Koltun, and A. Dosovitskiy, "End-to-End Driving Via Conditional Imitation Learning," Proc. - IEEE Int. Conf. Robot. Autom., pp. 4693-4700, 2018, doi: 10.1109/ICRA.2018.8460487.

[118] A. El Sallab et al., "End-To-End Multi-Modal Sensors Fusion System For Urban Automated Driving," NIPS 2018 Work. MLITS Submiss., no. CoRL, 2018.

[119] J. Kocić, N. Jovičić, and V. Drndarević, "An End-to-End Deep Neural Network for Autonomous Driving Designed

for Embedded Automotive Platforms," Sensors, vol. 19, no. 9, 2019.

[120] S. Hecker, D. Dai, and L. Van Gool, "End–to–end learning of driving models with surround–view cameras and route planners," Lect. Notes Comput. Sci. (including Subser. Lect. Notes Artif. Intell. Lect. Notes Bio informatics), vol. 11211 LNCS, pp. 449–468, 2018, doi: 10.1007/978–3–030–01234–2_27.

[121] T. Glasmachers, "Limits of end–to–end learning," J. Mach. Learn. Res., vol. 77, pp. 17–32, 2017.

[122] S. Shalev–Shwartz and A. Shashua, "On the Sample Complexity of End–to–end Training vs. Semantic Abstraction Training," pp. 1–4, 2016.

[123] Euro NCAP, "The Ratings Explained," 2020. https://www.euroncap.com/en/vehicle–safety/the–ratings–explained/ (accessed Aug. 08, 2020).

[124] I. O. for Standardization, "Road vehicles — Safety of the intended functionality (Standard No. 21448:2019)," 2019. https://www.iso.org/standard/70939.html (accessed Aug. 08, 2020).

[125] T. Stolte, G. Bagschik, and M. Maurer, "Safety goals and functional safety requirements for actuation systems of automated vehicles," IEEE Conf. Intell. Transp. Syst. Proceedings, ITSC, pp. 2191–2198, 2016, doi: 10.1109/ITSC.2016.7795910.

[126] N. O'Mahony et al., "Deep Learning vs. Traditional Computer Vision," Adv. Intell. Syst. Comput., vol. 943, no. Cv, pp. 128 – 144, 2020, doi: 10.1007/978−3−030−17795−9_10.

[127] M. Gharib, P. Lollini, M. Botta, E. Amparore, S. Donatelli, and A. Bondavalli, "On the Safety of Automotive Systems Incorporating Machine Learning Based Components: A Position Paper," Proc. − 48th Annu. IEEE/IFIP Int. Conf. Dependable Syst. Networks Work. DSN−W 2018, pp. 271 – 274, 2018, doi: 10.1109/DSN−W.2018.00074.

[128] Z. El−Rewini, K. Sadatsharan, D. F. Selvaraj, S. J. Plathottam, and P. Ranganathan, "Cybersecurity challenges in vehicular communications," Veh. Commun., vol. 23, p. 100214, 2020, doi: 10.1016/j.vehcom.2019.100214.

[129] P. Sewalkar and J. Seitz, "Vehicle−to−pedestrian communication for vulnerable road users: Survey, design considerations, and challenges," Sensors (Switzerland), vol. 19, no. 2, 2019, doi: 10.3390/s19020358.

[130] B. Klein, "Cybersecurity in automotive," no. March, 2020.

[131] D. Kleinz, "Automotive Cybersecurity − ISO/SAE 21434," 2020. https://www.linkedin.com/pulse/automotive−cybersecurity−isosae−21434−david−kleinz−cissp/?trackingId=5hoE66rld6CgAnmumnaxRQ%3D%3D.

[132] F. Sommer, J. Dürrwang, and R. Kriesten, "Survey and classification of automotive security attacks," Inf., vol. 10, no. 4, 2019, doi: 10.3390/info10040148.

[133] E. Aliwa, O. Rana, and P. Burnap, "Cyberattacks and Countermeasures For In−Vehicle Networks," arXiv Prepr. arXiv2004.10781, pp. 1−37, 2020.

[134] D. S. Berman, A. L. Buczak, J. S. Chavis, and C. L. Corbett, "A survey of deep learning methods for cyber security," Inf., vol. 10, no. 4, 2019, doi: 10.3390/info 10040122.

[135] N. Kaloudi and L. I. Jingyue, "The AI−based cyber threat landscape: A survey," ACM Comput. Surv., vol. 53, no. 1, 2020, doi: 10.1145/3372823.

[136] Z. Khan, M. Chowdhury, M. Islam, C.−Y. Huang, and M. Rahman, "Long Short−Term Memory Neural Networks for False Information Attack Detection in Software−Defined In−Vehicle Network," 2019, [Online]. Available: http:// arxiv.org/abs/1906.10203.

[137] N. O. Leslie, C. A. Kamhoua, and C. S. Tucker, "Generative Adversarial Attacks Against Intrusion Detection Systems Using Active Learning," pp. 1−6.

[138] A. Tuor, S. Kaplan, B. Hutchinson, N. Nichols, and S. Robinson, "Deep learning for unsupervised insider threat detection in structured cybersecurity data streams," AAAI Work. − Tech. Rep., vol. WS−17−01−, no. 2012, pp.224−234, 2017.

[139] M. Bouton, "Utility decomposition for planning under uncertainty for autonomous driving," Proc. Int. Jt. Conf. Auton. Agents Multiagent Syst. AAMAS, vol. 3, pp. 1731 – 1732, 2018.

찾아보기

ㅈ

ㅊ

자동차를 위한 AI

발 행 | 2022년 4월 29일

지은이 | 조셉 올리나스 · 행키 샤프리
옮긴이 | 김 은 도 · 이 진 하

펴낸이 | 권 성 준
편집장 | 황 영 주
편 집 | 조 유 나
디자인 | 윤 서 빈

에이콘출판주식회사
서울특별시 양천구 국회대로 287 (목동)
전화 02-2653-7600, 팩스 02-2653-0433
www.acornpub.co.kr / editor@acornpub.co.kr